Nina Römer

Die Ukraine für Anfänger

Ein Blick auf das Land, seine Geschichte, seine Kultur und die Nachbarn

Berlin 2020

Nina Römer
geb. Rybaschewa, geboren 1958 in Enakiewo in der Ostukraine, Studium am Kiewer Polytechnischen Institut, heute Technische Universität KPI in Kiew, Beschäftigung als Ingenieurin in Kiew in der Produktions- und Wissenschaftsvereinigung „Kristall", bestehend aus Forschungsinstitut und Betrieb „Quasar", der Mikroprozessoren herstellte, dann beim Ministerium für Statistik der Ukraine, Berufserfahrung als Übersetzerin und Managerin bei einer privaten Handelsfirma. Lebt seit Ende der 1990-er Jahre in Deutschland, Masterstudium in Sprachwissenschaft und Buchwissenschaft an der Gutenberg-Universität Mainz, arbeitet als freie Journalistin für verschiedene deutsch- und russischsprachige Medien in Deutschland, Russland und der Ukraine.

Lektorat: Britta Wollenweber, Peter Franke
Umschlag und Layout: Peter Franke, Wostok Verlag
Satz: Wostok Verlag – Berlin

Fotos:
Nina Römer:
Seite 2, 6, 10
Archiv Wostok Verlag:
Seite 24, 26, 30, 34, 42, 44, 52, 78, 80, 82, 114, 122, 130
Peter Franke, Wostok:
alle Fotos, soweit nicht anders bezeichnet

Druck und Einband: WIRmachenDRUCK GmbH
Gedruckt in Deutschland 2020

Wostok Verlag, Am Comeniusplatz 5, 10243 Berlin
Im Internet: www.wostok.de

ISBN: 978-3-932916-76-2

Inhalt

Vorwort

Sie sind es leid und können das Wort „Ukraine" nicht mehr hören. Dann lesen Sie dieses Buch über die Ukraine. Es ist kurz und informativ. Und es geht auch um EU-Europa und die Europäer.
Wussten Sie, dass Kasimir Malewitsch, Sergej Prokofjew und Andy Warhol Ukrainer waren? Dass viele Hollywoodstars ihre Wurzeln in der Ukraine haben? Dass die Hälfte der israelischen Regierungschefs aus der Ukraine stammt? Ich wusste all das vor 20 Jahren auch nicht. Vor kurzem habe ich erfahren, dass „Carol of the Bells", ein Lied, das die halbe Welt in der Weihnachtszeit singt, eigentlich ein ukrainisches Volkslied ist. Auch die Arie „Summertime" aus dem Musical „Porgy and Bess", der, wie es bei Wikipedia heißt, „meistgecoverte Jazz- und Popstandard aller Zeiten", ist die Version eines ukrainischen Wiegenliedes.
Viele Länder haben „ihre" Ukrainer: Deutschland hat die Brüder Klitschko, Italien – den Fußballer Andrij Schewtschenko, Großbritannien – die Schriftstellerin Marina Lewycka. Es ist kein Zufall, dass die Schweden und die Ukrainer dieselben Farben für ihre Nationalflagge gewählt haben. Im winzigen Liechtenstein lebte ein „Ukrainer" in seiner Villa „Askania Nowa". So heißt im Südosten der Ukraine ein Steppenreservat, in dem man viele seltene Tiere bestaunen kann.
Die Ukraine ist groß, schön und bunt: das Schwarze und das Asowsche Meer mit ihren Stränden und Delphinen, die malerischen Karpaten mit Urwäldern, Heilquellen und ganzjährigen Sportangeboten, das grandiose Donaudelta, ein Paradies für Vögel und Vogelkundler, für Fische und Angler.
In der Ukraine leben Angehörige von hundert Völkern, die friedlich an Dutzende Götter glauben und die größten Flugzeuge der Welt bauen.
Ukrainisch wird als Muttersprache von vielen Menschen in Argentinien, Brasilien, den USA, Kanada und Russland gesprochen.

Der Unabhängigkeitsplatz in Kiew

Ah, Russland, unser Nachbar, von dem gibt es einiges zu erzählen. Die Ukraine liegt am Rande Europas, aber nicht in der Wüste. Mit der Welt verbinden uns Meere, Flüsse, Teigtaschen und Bier.

Sie möchten saisonal essen und dabei abnehmen? Dann darf der ukrainische Borschtsch auf Ihrem Tisch nicht fehlen. Ab und zu ein „Ukrainischer Kuss" macht Sie noch gesünder. Und einen guten ukrainischen Wein kann man zu jedem Anlass trinken.

Die Frage der Nation: Wie fühlen Sie sich heute?

Ukrainer gibt es seit langem, die Ukraine seit kurzem, und die ukrainische Nation ist gerade erst entstanden. Was auch immer das Wort „Nation" bedeutet.

Ich bin heute Ukrainerin und laut Reisepass Deutsche. Einst war ich Russin, einst war ich Sowjetbürgerin. Wozu braucht man eine Nationalität? Sie gibt Orientierung im Leben und vielleicht ein Gefühl von Zugehörigkeit.

Psychologen haben folgendes Experiment gemacht. In einem Zimmer versammelten sie ein Dutzend fremder Menschen – Männer und Frauen verschiedenen Alters. Das Zimmer war leer, es gab nur einen Tisch, auf dem Hüte lagen: rote Hüte und grüne Hüte. Den Versammelten wurden keine Anweisungen erteilt, sie sollten lediglich eine Weile im Zimmer bleiben. Nun, sie gingen hierhin und dorthin, unterhielten sich ein wenig, dann entdeckten sie die Hüte, nach und nach nahm sich jeder einen Hut. So haben sich die Menschen intuitiv in zwei Gruppen geteilt – nach der Farbe der Hüte und ohne es wirklich zu realisieren: Die „Roten" standen in einer Ecke, die „Grünen" in einer anderen. Etwas später durften sie das Zimmer verlassen, doch wurden sie befragt. Es stellte sich heraus, dass die Menschen der einen Gruppe misstrauisch gegenüber denen der anderen Gruppe waren, sie irgendwie verdächtigten. Fazit: Menschen finden immer einen todsicheren Grund, warum sie besser sind als die anderen. Man musste nicht den Turm zu Babel bauen, man musste nicht Religion und Nationalität erfinden, um einen Grund zum Streit zu haben. Die „Grün-Behuteten" meinten, sie seien vertrauensvoller als die „Rot-Behuteten". Die Franzosen glauben, sie seien besser als die Engländer. Die Engländer sind überzeugt, sie seien zuverlässiger als die Deutschen ...

Und wer sind Sie? Chinese, Italiener, Türke, Iraner? Sind Sie sicher? Wer sind Ihre Eltern, Kinder, Enkelkinder? Sind Sie 100 Prozent sicher?

Wozu braucht man eine Nationalität? Sie gibt Orientierung im Leben und vielleicht ein Gefühl von Zugehörigkeit

Der Adel hat seine Stammbäume und Kenntnis davon, wer wann und mit wem. Nehmen wir als Beispiel die englischen Royals. Die sind zur Hälfte Deutsche, sie wissen aber auch, dass Meghan Markle nicht der erste Mensch mit afrikanischen Wurzeln in ihrer Sippe ist. Denn es hatte sich Folgendes zugetragen. Der russische Zar Peter der Große erhielt als Geschenk einen schwarzen Knaben aus Äthiopien. Der Zar liebte und behandelte das Kind wie seinen eigenen Sohn und gab ihm den Namen Abraham Petrowitsch, das heißt: Peters Sohn. Er schickte ihn zum Studium an die École de l'artillerie nach Paris und verheiratete ihn mit einer russischen Adeligen. Ein Urenkel Abrahams war der berühmte russische Dichter Alexander Puschkin. Puschkins Tochter Natalja hatte den temperamentvollen Charakter ihres Ur-Urgroßvaters geerbt. Auf einem Ball in Sankt-Petersburg verliebte sie sich in Prinz Nikolaus von Nassau, verließ ihren Mann und folgte dem Prinzen nach Wiesbaden. Nadeschda, eine Enkelin von Natalja und Nikolaus, heiratete George Battenberg, einen Urenkel von Königin Viktoria und Onkel von Prinz Phillip, dem Ehemann von Königin Elisabeth II. Die Nachfahren von Nadeschda und George leben heute in England. Also, auch bei einigen blaublütigen Royals ist „schwarz-afrikanisches" Blut vorhanden. Sie sprechen nicht gern darüber, aber es ist vermutlich das Beste, das sie haben. Denn es ist sehr wahrscheinlich, dass Abraham Petrowitsch ein äthiopischer Prinz war. Das äthiopische Königshaus gehörte zu der Dynastie, die ein Sohn des biblischen Königs Salomon und die Königin von Saba gegründet hatten. Mit diesen Leuten war bekanntlich Christus selbst verwandt. Ahnenforschung lohnt sich.

Vor hundert Jahren interessierte diese Fragen das gemeine Volk nicht. Es wusste nicht jeder, was Nationalität bedeutet. Meine Großmutter war wahrscheinlich Belarussin. Ihre Familie lebte in der Nähe der kleinen Stadt Nawahrudak (polnisch Nowogródek, russisch Nowogrudok) im Gebiet Grodno im Westen des heutigen Belarus. Der Kreis ist Geburtsort des polnischen Nationaldichters Adam Mickiewicz, der in Nawahrudak seine Kindheit verbrachte. Hier leben Polen, Belarussen, Litauer, Juden, Deutsche, Russen und Angehörige anderer Völker. Die Familie meiner Großmutter war arm. Meine Großmutter konnte kaum lesen und schreiben. Im Ersten Weltkrieg okkupierten deutsche Truppen die Stadt, meine Großmutter flüchtete mit ihrer Familie nach Osten. Erst in Saratow, im Süden Russlands, machten sie Halt. Alle Flüchtlinge mussten sich registrieren lassen. „Ihre Nationalität?" – wurde auch die Großmutter gefragt. Sie wusste nicht, was damit gemeint war. Sie sprach eine belarussisch-polnisch-deutsch-russische Sprachmischung. Der Familienname Gulnizkaja und die Geburtsgegend ließen vermuten, dass sie eine Polin oder eine Belarussin sein konnte. Dann fragte der kluge Beamte: „Ihre Religionszugehörigkeit?" – „Orthodoxe." – „Dann sind Sie Belarussin!", so die Beamtenscheidung. Oder war sie doch Polin?

Angehörige von mehr als hundert Nationalitäten leben in der Ukraine

Belarussen wie auch Ukrainer und viele andere Völker in Europa und in der Welt hatten lange Zeit keinen eigenen Staaten, obwohl sie es wollten. Im 19. Jahrhundert haben sich Italiener und Deutsche vereinigt. Den Griechen ist es gelungen, den Osmanen zu entkommen. Bei den Ukrainern hat es damals nicht geklappt. Aber im Jahr 1862 wurde die heutige ukrainische Nationalhymne geschrieben. Damals war die Ukraine noch Teil des Russischen Imperiums. Zunächst erschien das Gedicht „Noch ist die Ukraine nicht gestorben". Der Autor war der Ethnograf und Volkskundler Pawlo Tschubynsky. Etwas später wurde dann die Musik dazu komponiert. Das Lied fand schnell Verbreitung in allen Schichten des Volkes. Es wurde mit Enthusiasmus gesungen: „Verschwinden werden unsere Feinde wie Tau in der Sonne." Allen war klar, wer der Feind war. Dem russischen Zaren gefiel das Gedicht nicht. Der Erfolg des Gedichts in der Ukraine brachte den Dichter in die Region hinter dem Polarkreis im Norden Russ-

lands. Es ist nicht so weit wie Sibirien, aber genauso wirksam. Während die Ukrainer Lieder sangen, machten die Russen alles, um sie aus der Welt zu schaffen. Nachdem die Ukraine und andere Sowjetrepubliken 1991 ihre Unabhängigkeit erklärt hatten, konnte Russland, und darin erweist es sich als nicht anders als jedes normale Imperium, diese Entwicklung nicht einfach hinnehmen. Mit allen Mitteln hat es versucht, die Ukraine zurückzukriegen. Obwohl Einflüsterungen aus Russland in vollem Gange waren, interessierte sich kaum ein Mensch in den 1990-er Jahren für die Nationalitäten- und Sprachenfragen. Alle waren sowieso sprachlos, wenn sie die Preisentwicklung betrachteten. Damals kostete ein Liter Milch (umgerechnet) an einem Tag 0,7 Euro, am nächsten bereits 7 Euro, noch einen Tag weiter waren es 70 Euro, und eine Woche später mussten schon 700 Euro berappt werden. Die Inflation war sagenhaft.
Zu Beginn der 2000-er Jahre regulierten sich die Preise, die Menschen kamen nach dem Schock allmählich wieder zu sich. Die Hauptthemen im Präsidentschaftswahlkampf 2004 waren nach zehn Jahren Leonid Kutschma: NATO – ja oder nein? Sprache – Russisch oder Ukrainisch. Mit Russland oder Europa? Es wurde klar, dass Putins Bemühungen der letzten Jahre nicht erfolglos waren. Im Osten und Süden wählten die Menschen mehrheitlich prorussisch, im Rest des Landes – proeuropäisch. Die Wahl hat schließlich Viktor Juschtschenko gewonnen. Als Präsident hat er mit seinen Reformen und der Steigerung des Wohlstandes der Bürger nicht viel erreicht. Doch hat er etwas Wesentliches verankert. Er sagte: „Wir sind ein souveräner Staat. Die Staatssprache ist Ukrainisch. Lernt also bitte die Sprache. Wie jeder ordentliche Staat haben wir unsere eigene Geschichte. Die ukrainische Geschichte wurde lange genug von anderen für uns geschrieben. Jetzt müssen wir nachdenken, uns selbst und anderen erzählen, wie es eigentlich bei uns war. Es gab schwere Hungersnöte, Verfolgungen, Unterdrückungen, aber auch umstrittene Helden und unschöne Ereignisse. Denken wir darüber

Der Welt – Frieden!

nach, sprechen, diskutieren wir darüber, und finden wir einen Weg zur Versöhnung." Der Präsident sagte: „Wir sind eine Nation. Wir sind Ukrainer." Auch nichtethnische Ukrainer, wie ich, sollten sich an diese neue Bezeichnung psychologisch gewöhnen. In den USA fällt es neuen und alten Bürgern vielleicht leichter, sich als Amerikaner zu bezeichnen. Das Wort Amerikaner ist neutral, es bedeutet, dass man auf dem Kontinent Amerika lebt. Russland heißt auf Russisch nicht Russland, Land der Russen, sondern Rossija. Die Angehörigen aller dort lebenden Völker können sich Rossijane – Russländer nennen. In der Ukraine ist oder war es am Anfang schwieriger. Ein ethnischer Armenier und ein ethnischer Russe wurden nun zu ukrainischen Bürgern, kurz zu Ukrainern. Als mich vor zehn Jahren ein Deutscher fragte, ob ich Russin oder Ukrainerin bin, habe ich nicht gleich geantwortet. Nach kurzem Zögern sagte ich: Ich bin Ukrainerin.
Sie haben sich vielleicht schon einmal gefragt, was in der Ostukraine und auf der Krim eigentlich passiert? Wer sind diese

Russen-Separatisten? Ich bin Top-Kandidatin für die Rolle einer Separatistin – russischsprachig, ethnische Russin, geboren im ostukrainischen Donezk, die eine Hälfte meiner Verwandten lebt in der Ukraine, die andere Hälfte in Russland. Aber ich bin keine Separatistin, wie die meisten Menschen in der Ostukraine ebenfalls keine Separatisten sind.

Aber wer bin ich? Ich wurde in der multinationalen Sowjetunion geboren. Damals hieß es, dass alle Völker gleich sind. Wir sind zu einer neuen Gemeinschaft zusammengewachsen – zum Sowjetvolk, die Nationalität spielte keine Rolle. Mit 16 Jahren bekam ich meinen ersten Pass und musste in das Feld Nr. 5 doch meine „Nationalität" eintragen. Ohne zu zögern, trug ich „Russin" ein.

Mein Vater war Offizier der Luftwaffe, seine Einheit war in dem Städtchen Usin, nicht weit von Kiew entfernt, stationiert. Die Hauptstraße teilte den Ort in zwei Teile: rechts – das ukrainische Dorf, links – die Armeesiedlung, in der Menschen aus allen Sowjetrepubliken wohnten. Rechts der Straße wurde Ukrainisch gesprochen, links Russisch. Mir war klar, dass ich Russin war, obwohl es in meiner Familie keine einhellige Meinung zu diesem Thema gab. Mein Vater etwa meinte, er sei weder Russe noch Ukrainer, er sei Sibirjake, das heißt ein Einwohner Sibiriens, wo er geboren worden war. Und er war stolz darauf, Sibirjake zu sein. Zum einen muss man etwas Besonderes sein, um nach Sibirien zu kommen und dort zu bleiben, zu leben und zu überleben. Zum anderen ist Russland nichts ohne Sibirien. Wie auch immer. Von der Zusammensetzung meines Bluts bin ich halb Russin, ein Viertel Ukrainerin und ein Viertel Belarussin.

Je älter ich wurde, desto mehr fühlte ich mich nicht ganz als Russin. Wissenschafter bezeichnen dies mit dem Begriff zwiespältiges nationales Bewusstsein. Die Ukraine, mein „Mutterland", war von meiner Geburt an da, mit ihr und in ihr bin ich groß geworden. Die Liebe eines Kindes zur Mutter ist bedingungslos. Ein Vater hingegen muss die Kindesliebe erst verdie-

In der Ukraine, wie hier in Lwiw, gedenkt man am 8. und am 9. Mai des Ende des Zweiten Weltkrieges

nen. Der „Vater-Russland" war der Beschützer, groß und stark, aber immer abwesend, typisch Mann. 1991 brach die Sowjetunion auseinander, „Mutter" und „Vater" trennten sich. Nach der „Scheidung" entpuppte sich der „Vater" als extrem eifersüchtig. Mit vielen seiner Ehemaligen kam es zu Skandalen. Mit einigen führten er oder seine Anhänger einen echten Rosenkrieg, mit echten Panzern und Kanonen. Zuletzt mit meiner „Mama". Da gibt es keine Liebe mehr.

Auch heute kann niemand, Wissenschaftler schließe ich da ein, eindeutig sagen, was Nationalität ist. Fest steht, dass Nationalität ein „Zauber-Hut" ist, mit dessen Hilfe man Menschen im Handumdrehen verwandeln kann.

Warum wollen laut den „Referenden" angeblich 90 Prozent der Menschen in der Ostukraine ihre eigenen „Republiken" gründen und sich mit Russland vereinigen? Nun, es ist kinderleicht, Menschen an alles glauben zu lassen: Dass sie ein auserwähltes Volk sind oder Arier oder unterdrückte Russen oder dass genau diese Anti-Aging-Creme ihre Haut für immer jung hält. Sie wissen, dass es eine Werbelüge ist und kaufen doch das teurere Gläschen. Man kann die US-Amerikaner von „America First Again" überzeugen und die Ostukrainer davon, dass sie selbst und nicht irgendjemand anderes mehr Föderalisierung für die Ukraine wollen. Wenn Sie aber die Menschen in der Ostukraine fragen, was Föderalisierung denn nun praktisch bedeutet, werden Ihnen die meisten keine einleuchtenden Antworten geben können. Eine Antwort hat der belarussische Präsident Alexander Lukaschenko gegeben, der bereits 2014 wertete: „Eine Föderalisierung der Ukraine ist Idiotismus pur."

Ja, es ist der einfachste Weg das Land zu destabilisieren und zu spalten.

Schlaue Köpfe haben gefragt, warum wir uns eigentlich mit Russland vereinen sollen. Donezk, die Hauptstadt des gleichnamigen Gebiets, zum Beispiel wurde vom britischen Unternehmer John Hughes gegründet. Deshalb sollte ein Referendum die Frage stellen, ob sich das Gebiet mit Großbritannien vereinigen will und zu einem Donezkshire gemacht werden soll. Das wäre eine bessere Alternative für alle, außer vielleicht die Briten. Die richtigen Fragen zu stellen ist aber eine Kunst.

Wenn heute im Osten der Ukraine geschossen und getötet wird, können die Menschen nicht mehr verstehen, wie es dazu gekommen ist.

Der türkisch-amerikanische Sozialpsychologe Muzafer Sherif hat vor 70 Jahren in seinen „Ferienlagerexperimenten" nachgewiesen, wie mühelos man schon bei Kindern Konflikte erzeugen kann. Er brachte Jungen in einem Ferienlager zusammen, die sich zuvor nicht kannten. Nachdem die Jungen mehrere Tage als gemeinsame Großgruppe verbracht hatten, teilte Sherif sie in zwei gleich große Gruppen. Es dauerte nicht lange, bis die

In der Ukraine sagt heute ein jeder und sagen alle: „Wir sind Ukrainer. Wir sind ein Volk. Danke, liebe Russen."

Mitglieder der einen Gruppe die Mitglieder der anderen Gruppe beschimpften und sich ihnen gegenüber aggressiv verhielten. Es kam das Gefühl „wir und die" auf. Nachdem jeder Gruppe ein Name zugewiesen worden war – die einen waren die „Adler", die anderen die „Klapperschlangen" –, verschärften sich die gegenseitig unfreundlichen Einstellungen noch. Die Jungen haben rasch angefangen, die Mitglieder der jeweils anderen Gruppe während der Wettbewerbe mit Wörtern wie Gauner, Feiglinge und Stinktiere zu beschimpfen, sie zu verspotten und ihre Leistungen herabzusetzen.

Dieses Experiment dient einigen Mächtigen als Vorlage für die Verwirklichung ihrer Visionen. Sie nehmen ein Stück Land – natürlich nicht innerhalb ihrer eigenen Grenzen, da mit solchen

Experimenten nicht zu spaßen ist –, also, ein Stück Land des Nachbarn. Die Menschen dort führen, wie so oft, ein ziemlich langweiliges Leben, ohne große Ereignisse – Arbeit, Familie, Arbeit, Familie. Und dann treten also die Mächtigen aus dem anderen Land auf und propagieren: „Hey, Leute, habt ihr es vergessen? Ihr seid nicht allein, seid nicht ohne Angehörige. Wir, ... (bitte ausfüllen), sind eure schöne und reiche Heimat, und nicht ... (bitte ausfüllen)." Und weiter geht es dann bereits wie im Ferienlagerexperiment. In den meisten Fällen wird es dann blutig. Aber heute wollen die Menschen auf beiden Seiten der Kontaktlinie in der Ostukraine nur eines – Frieden.

Im Rest des Landes helfen Freiwillige, als Individuen und in Vereinen, den Flüchtlingen und ukrainischen Soldaten. Man sammelt Geld, Lebensmittel und Kleidung. Großmütter stricken warme Mützen und Socken, Kinder knüpfen Tarnnetze, und Frauen packen Notverpflegung.

Gebäude, Denkmäler, Brücken und Bäume werden mit den fröhlichen blau-gelben nationalen Farben bemalt. Wo immer es möglich ist, steckt man die ukrainische nationale Flagge rein. Frauen tragen Wyschywanka, eine Bluse, reichlich mit traditionellen ukrainischen Mustern bestickt. Patriotische Unterhosen für Männer mit ukrainischen Stickereien sind zu Verkaufsschlagern geworden.

Das Volk ist nicht blöd. Die Ukrainer haben sich angesichts der Gefahr vereint und damit den zweiten Teil des Experiments von Sherif bestätigt. 2004 wurde der proeuropäische Präsident Juschtschenko mit knapp 40 Prozent der Stimmen gewählt. Nach Kriegsausbruch kam der Proeuropäer Poroschenko im Mai 2014 auf 59 Prozent der Zustimmung, und 2019 wählten 73 Prozent der Bürger in allen Regionen der Ukraine gleichweise proeuropäisch, nun kam Wolodymyr Selenski an die Macht. Keine Trennung mehr nach Ost-Süd-West-Nord, nach Ukrainern oder Russen. In der Ukraine sagt heute ein jeder und sagen alle: „Wir sind Ukrainer. Wir sind ein Volk. Danke, liebe Russen."

Im Zuge des Maidan wurde die künstlerisch wertvolle Lenin-Skulptur am Schewtschenko Boulevard in Kiew am 8. Dezember 2013 gestürzt. Insgesamt gab es in der Ukraine rund 5 500 Denkmäler für den bolschewistischen Revolutionsführer

Ich glaube, dass Nation und Nationalität viel mit zarten Gefühlen wie Liebe zu tun haben, aber auch mit Geld- und Machtliebe.

In Westeuropa ist allein die Schweiz ein Wunderland, in der Deutsche, Franzosen, Italiener und Rätoromanen friedlich miteinander leben. Wie ist es ihnen nur gelungen?

Die Katalanen wollen sich von Spanien lösen. Ausschließlich wegen ihrer eigenen Sprache, Kultur und anderen Besonderheiten, wie sie sagen. Dass sie reicher sind als andere in Spanien, spiele dabei keine Rolle.

Seitdem die Flamen verstanden haben, dass die Wallonen arm sind, wollen sie von ihnen nichts mehr wissen. Als in der Wallonie die Industrie noch boomte, dachte Flandern nicht ernsthaft an eine Trennung. Aber die Flamen sollten achtsam sein. Richtig Geld hat eigentlich nur Antwerpen, und die Stadt könnte sich überlegen, eine eigene Republik wie einst Venedig zu gründen und dann dem Rest der Flamen viel Glück zu wünschen. Warum beeilen sich die Franzosen nicht, ihren französischsprachigen Nachbarn zu helfen? Und warum wollen sich die Wallonen nicht mit Frankreich vereinigen?
Die Deutschen könnten auch mal probieren, sich modernen Trends anzuschließen. Für Putin ist die tatarische Krim, die Russland vor 250 Jahren vom Osmanischen Reich erobert hat, „uraltes russisches Gebiet". Ein Teil der preußischen Provinz Ostpreußen und dessen Hauptstadt Königsberg, die 1255 vom Deutschen Orden als Ordensburg gegründet wurde, ist entsprechend „uraltes deutsches Land". Die Russen haben das Gebiet erst nach dem teuer erkauften Sieg über den Faschismus 1945 zuerkannt bekommen und in Kaliningrad umbenannt. Also ... Aber die Deutschen sind vielleicht die einzigen, die sich heute noch wirklich daran erinnern, wohin eine „nationale Idee" führen kann.
Die Frage nach ihrer Nationalität sollte lauten: „Wie fühlen Sie sich heute?" Ich fühle mich heute ukrainisch, schon ein bisschen deutsch, auf keinen Fall russisch, auf jeden Fall europäisch und nicht etwa afrikanisch oder amerikanisch ...
Hier verändere ich das Zitat von Monsieur de Voltaire „Da es sehr förderlich für die Gesundheit ist, habe ich beschlossen, glücklich zu sein", indem ich sage: „Da es tödlich sein kann, habe ich mich entschlossen, alle diese Nation-Volk-Zugehörigkeit-Identität-Nationalität-Ethno-Fragen nicht ernst zu nehmen. Meine Antwort darauf lautet: Menschen aller Länder, verheiratet euch."

Berühmte Ukrainer. Alle kennen sie, aber keiner ahnt es

Können Sie einige weltberühmte ukrainische Namen nennen? Jeder kann tagelang von ruhmreichen Italienern erzählen. Ohne Griechen wären wir nicht das, was wir sind. Und auch nicht dort, wo wir heute sind. Große Franzosen gibt es wahrhaft genug. Deutsche sind Denker, Musiker und Alleskönner. Holländer konnten gut malen, und Erasmus von Rotterdam konnte gut denken. Die Briten haben Newton, Shakespeare und die Beatles. Die Schweden Abba, Volvo und Ikea. Sogar die Finnen hatten Nokia, und Norwegen blickt stolz auf Peer Gynt, ich meine, auf Edvard Grieg.

Und wir? Ich muss gestehen, ich selbst konnte spontan keine, in der ganzen Welt bekannte Namen von Ukrainerinnen oder Ukrainern nennen. Es gibt und gab keine, dachte ich. Aber dann begann ich zu überlegen.

Pawel Popowitsch, der vierte Mensch im Weltraum, war Ukrainer. Mehr noch, er stammte aus meinem Dorf Usin. Ich habe ihn sogar gesehen, nachdem er 1963 die Erde umkreist hatte und danach sein Heimatdorf besuchte. Das Raumschiff, das ihn ins Weltall brachte, wurde von Sergej Koroljow gebaut. Koroljow, der sowjetische Raketen- und Raumflugzeugbauer schlechthin, wurde im ukrainischen Schytomyr geboren. Bevor Popowitsch um die Erde reiste, sangen die beiden gemeinsam ein ukrainisches Lied. Der Raketenkonstrukteur hatte am Kiewer Polytechnischen Institut, heute Technische Universität KPI, studiert. Am Hauptgebäude wurde vor langem eine Gedenktafel angebracht.

Igor Sikorsky, der die ersten Hubschrauber entwickelte, wurde dagegen in der Sowjetzeit nicht an die Wand „gehängt". Zwar war er in Kiew geboren worden und hatte, nachdem er das Marine-Institut in Sankt-Petersburg absolviert hatte, ebenfalls am KPI studiert, ist dann aber 1919 in die USA emigriert. Deshalb

Pawel Popowitsch, der vierte Mensch im Weltraum, war Ukrainer

wurde ihm die Ehre verweigert. Erst vor einigen Jahren wurde auf dem Universitäts-Campus ein Denkmal für ihn errichtet, und auch eine Straße in Kiew wurde nach ihm benannt.

Einer meiner Kommilitonen an der Uni war Sergej Grabartschuk. In den Seminaren und Vorlesungen hatte er immer einen Rubik-Würfel (Zauberwürfel) in der Hand. Heute ist er ein bekannter Buchautor und Erfinder von mehreren neuen und einzigartigen Puzzle- und Geduldsspielen. Seine Denksportaufgaben findet man im Programm fast jeder Weltmeisterschaft.

Die Transportflugzeuge Antäus (größtes propellergetriebenes Frachtflugzeug der Welt, Antonow An-22) und Ruslan (Großraumtransportflugzeug, Antonow An-124) stellt das Antonow-Werk in Kiew her. Ein gigantischer Großraumtransporter – die An-225 – heißt auf Ukrainisch „Mrija", was Traum bedeutet. Die NATO gab dem Transportgiganten den Codenamen Cossack. Die An-225 kann 250 Tonnen Fracht oder 80 Autos tragen, die Flügelbreite beträgt 88 Meter, sie kostet pro Stück 20 Millionen Dollar. In der Zeit der Corona-Pandemie haben die

Flugzeuge Medikamente und medizinische Geräte aus China in viele Länder Europas transportiert.
Wie konnte ich all das vergessen? Ein Witz erklärt das so: Der berühmte russische Maler wurde in einer armen jüdischen Familie in einem ukrainischen Dorf im Russischen Reich geboren. Also, ich habe fünf Namen aufgezählt, aber vermutete, dass es deutlich mehr sein sollten.
Ich wusste, daß Kasimir Malewitsch in Kiew geboren wurde. In einem deutschen Kunstlexikon ist er als russischer Maler aufgeführt. Doch stammten seine Eltern aus Polen. Seine Freunde und Verwandte sagten, dass er sich selbst als Ukrainer fühlte, und ein ukrainischer Patriot, ja, sogar ukrainischer Nationalist war. Er sprach und schrieb Ukrainisch, sein erster Lehrer war der ukrainische Maler Nikolai Pimonenko. In seiner Autobiografie schrieb Malewitsch, dass die ukrainische Volkskunst für seine Entwicklung als Künstler sehr wichtig war.
Die europäische Kunst des 20. Jahrhunderts ist ohne Ukrainer gar nicht zu denken: Das „Schwarze Quadrat" von Malewitsch, die Skulpturen von Alexander Archipenko, der Orphismus von Sonia Delaunay, die in Odessa als Sonia Terk geboren wurde. Alexander Archipenko, der als erster Künstler abstrakte plastische Werke schuf, organisierte seine erste Ausstellung in einem Ort nicht weit von Kiew in Eigenregie. In Kiew studierte er an der Kunstschule zusammen mit Malewitsch, lebte später in Berlin und Paris. Seine Arbeiten waren so radikal neu, da er den Kubismus – die Auflösung des einheitlichen Bildraumes – auf die Skulptur übertrug, dass man sogar in Paris den Ukrainer nicht verstand. Nachdem Guillaume Apollinaire einen positiven Beitrag über Archipenko für eine Zeitung verfasst hatte, wurde er gefeuert. Also ging Archipenko in die Vereinigten Staaten, wo er berühmt und reich wurde. Er sehnte sich nach seiner Heimat, unterstützte seine Landsleute und schenkte seine Arbeiten Museen in Kiew und Lwiw. Während einer Ausstellung in Chicago zeigte er seine Werke im ukrainischen Pavillon.

Die Avantgarde-Künstlervereinigung UNOWIS um Kasimir Malewitsch im Juni 1920 auf dem Weg nach Moskau zur Ersten Gesamtrussischen Konferenz der Kunstlehrer und -schüler (in der Mitte mit ausgestrecktem Arm Malewitsch)

Ukrainische Maler waren bereits 200 Jahre zuvor berühmt. Im Musée d'art et d'histoire, dem größten Kunstmuseum in Genf, ist ein Bildnis von Denis Diderot, gemalt 1773 von Dmitrij Lewizkij zu sehen. Germaine de Staël ließ sich von Wladimir Borowikowski 1812 während ihrer Reise nach Russland porträtieren. Dmitrij Lewizkij und Wladimir Borowikowski waren zwei berühmte ukrainische Maler, die eine überragende Stellung im russischen Kunstleben des 18. Jahrhunderts einnahmen. Beide wurden in den Familien ukrainischer Kosaken in der Ukraine geboren. Beide wurden zu gesuchten Porträtmalern am Zarenhof. Sie porträtierten Katharina die Große, Zar Pawel I., zahllose Höflinge und russische Aristokraten. Ihre Werke hängen heute im Russischen Museum in Sankt-Petersburg und in der Tretjakow-Galerie in Moskau.

Da ich mich nicht auf Lexika verlassen konnte, suchte ich im Internet. Die meisten Webseiten über die Ukraine stammen von den ukrainischen Diasporas in Kanada und den USA. In beiden Ländern gibt es große Gebiete, in denen Auswanderer aus der Ukraine kompakt siedeln. Sie haben ihre heimischen Bräuche, ihre Religion, ihre Dialekte und Namen bewahrt. Ukrainische Namen kann man an den Endungen erkennen. Typisch sind -ko wie bei Klitschko und Netrebko, -tschuk (oder chuk auf Englisch) wie Terry Sawchuk, -zky wie Lewyzky oder -sky wie Sikorsky. In Montreal gibt es das Canadian Institute of Ukrainian Studies, das eine vielbändige Enzyklopädie der Ukraine in englischer Sprache herausgegeben hat. Das Institut hat eine Liste von 300 berühmten Ukrainern zusammengestellt. Die meisten sind bedeutende US-amerikanische und kanadische Persönlichkeiten mit ukrainischen Wurzeln wie Roberta Bondar, die erste Kanadierin im Weltall. Die Verfasser waren allerdings recht großzügig. In der Liste gibt es viele Menschen, die in der Ukraine lediglich verweilten oder dort nur einen Teil ihres Lebens verbrachten.

In der Antike war der Süden der heutigen Ukraine als Exilort bei den Römern sehr beliebt. Auf der Krim verbrachten Papst Martin I. und der römische Kaiser Justinian II. einige Jahre. Als Ovids Affäre mit Julia, Tochter von Kaiser Augustus, aufgedeckt wurde, verbannte ihn Letzterer an die Schwarzmeerküste. Dort dichtete Ovid in Trauer schöne Elegien. Honoré de Balzac lebte ein Jahr in der Ukraine und heiratete in der Pfarrkirche St. Barbara in der Stadt Berditschew Gräfin Eva Hanska, die große Liebe seines Lebens.

Denkmal für Jaroslaw den Weisen im ostukrainischen Charkiw

In der Liste werden zudem Menschen erwähnt, deren Vorfahren aus der Ukraine stammten. Der Vater des Komponisten Pjotr Tschaikowski entstammt einer berühmten ukrainischen Kosakenfamilie, seine Mutter war Französin. Kein Wunder, dass er schöne Melodien komponierte.

Dann erinnerte ich mich an das BBC-Projekt „100 Greatest Britons“. Eine ähnliche Serie wurde auch in anderen Ländern gemacht. Die Briten haben auf Platz zwei, direkt hinter Winston Churchill, den Ingenieur Isambard Brunel gesetzt, der in der Welt wahrscheinlich nicht jedem bekannt ist. Conan Doyle hat es nicht in die Liste geschafft. Er braucht es auch nicht. In Russland wurde Jossif Stalin auf Rang 3 platziert. Zweifellos, der Mann gehört zur Kohorte der Berühmtheiten, von denen es heißt: Besser, sie wären nicht geboren worden. Stalin ist ein „Held", denn er hat den Zweiten Weltkrieg gewonnen. Es wird vergessen, dass dank seine Handlungen vor und während des Krieges die faschistische Armee teilweise ohne nennenswerten Widerstand 2 500 Kilometer von Breslau bis Stalingrad marschieren konnte. Das sieht nicht wie ein Sieg aus. Für ein Land normaler Größe hätte es das Ende bedeutet. Der Krieg wurde wegen der schieren Größe des russischen Territoriums gewonnen. In Griechenland kam Alexander der Große vor Sokrates, Platon und Aristoteles. Was hat Alexander so „Großes" gemacht? Ein typischer Hippie, Sohn reicher Eltern, kriegs- und reiselustig. Verantwortung? Fehlanzeige. Die Deutschen haben sich schon bei der Wahl des Namens schlau angestellt. Sie haben nicht die „Großen", sondern „Unsere Besten" gesucht.

In der Ukraine gab es 2008 eine ähnliche Abstimmung. Die ersten drei waren: Jaroslaw der Weise, Großfürst von Kiew, Stepan Bandera, ukrainischer Nationalheld, und der Herzchirurg Nikolai Amosow. Jaroslaw wurde der Weise genannt, weil er im 11. Jahrhundert die erste ostslawische Gesetzsammlung erließ, die auch Hunderte Jahre später in mehreren Ländern als Vorlage diente. Unter ihm blühten Kiew und das Kiewer Reich auf. Der Großfürst ließ die Sophienkathedrale bauen, er sammelte eine große Bibliothek zusammen. Nach ihm wurden Städte in der Ukraine, Russland, Polen und Estland benannt. Mit Europa war Jaroslaw gut vernetzt. Er heiratete eine schwedische Prinzessin. Seine Töchter und Söhne vermählte er mit Sprösslingen der Herrscher von Norwegen, Polen, Ungarn, Frankreich und Byzanz.

Unzählige ukrainische Juden emigrierten in die USA, nach Palästina (ab 1880 und bis 1945) und Israel. Selman Abraham Waksman entwickelte das Streptomycin, das erste Antibiotikum gegen Tuberkulose, wofür er 1952 den Nobelpreis für Physiologie oder Medizin erhielt. Der Brockhaus nennt ihn einen US-amerikanischen Mikrobiologen russischer Herkunft, obwohl er im kleinen ukrainischen Städtchen Pryluki bei Kiew geboren wur-

Andrij Schewtschenko wurde zweimal Torschützenkönig in Italien

de. Drei der vier ersten israelischen Ministerpräsidenten stammten aus der Ukraine. Golda Meir verbrachte ihre Kindheit in Kiew. Moshe Katzav reiste als Premierminister Israels zu einer Staatsvisite in die Ukraine. Sein Hauptanliegen war, in Uman das Grab seiner Schwiegermutter zu finden. In den USA zogen viele ukrainische Juden nach Hollywood und wurden Weltstars. Der Vater von Walter Matthau, der als Walter Matuschansky in New York geboren wurde, war vor seiner Auswanderung in die USA Hausierer in Kiew. Im Film „House Calls" spielte Walter Matthau einen amerikanisch-ukrainischen Arzt. George Montgomery war eines von 15 Kindern einer ukrainischen Immigrantenfamilie. Die Eltern von Kirk Douglas, alias Issur Danielowitsch Demsky, stammten aus der Westukraine. Nicht ohne Grund hängen in der US-Botschaft in Kiew Fotos von Milla Jovovich, Bob Dylan, Dustin Hoffman und anderen „Ukrainern".

Die Ukraine war immer ein multinationales Land. So findet man unter den berühmten Ukrainern den Namen des Türken Mehemed Fehmy Agha. Der Sohn eines türkischen Grundbesitzers und Tabakhändlers wurde in der ukrainischen Stadt Nikolajew geboren. Er war Fotograf und arbeitete als Designer in Berlin und Paris. Später siedelte er in die Vereinigten Staaten über, wo er zum „Godfather" des modernen amerikanischen Zeitschriftendesigns wurde. Agha war Artdirektor von „Vogue", „House & Garden" und „Vanity Fair". Der Deutsche Otto von Struve wurde in Charkiw geboren. Nach der Oktoberrevolution wanderte er in die USA aus und wurde dort zum berühmten „russisch-amerikanischen Astronom deutsch-baltischer Herkunft".

Das größte Flugzeug seiner Zeit baute Ihor Sikorsky (russisch: Igor Sikorski) mit finanzieller Unterstützung der Tereschtschenkos. Michail Tereschtschenko war Zucker- und Spirituosenhersteller und zählte vor dem Ersten Weltkrieg zu den reichsten Fabrikanten Europas. Baron Rothschild nannte ihn ein „Finanzgenie". Die Tereschtschenkos besaßen neben Fabriken und Palästen auch einen Flugplatz, auf dem Sikorsky als Ingenieur arbeitete. Nach der Revolution floh die Familie nach Paris. Einer der Enkel, Michel Tereschtschenko, ist ein französischer Philosoph. Ein Urenkel, ebenfalls ein Michail Tereschtschenko, siedelte von Paris nach Kiew über. Er baute dort sein eigenes Business auf und vermittelt Kontakte zwischen französischen und ukrainischen Geschäftsleuten. Tereschtschenko wurde nach der Maidan-Revolution bei den Regionalwahlen zum Bürgermeister von Gluchiw gewählt.

Von Kiew nach Paris reiste in den 1920-er Jahren der berühmte Balletttänzer und Choreograf Sergej Lifar. Lifar leitete die Balletttruppe der Pariser Grand Opera und machte sie zu einer der besten der Welt. Charles de Gaulle fragte ihn bei einem Empfang: „Sie haben so viel für Frankreich getan. Warum wollen Sie den französischen Pass nicht haben? Sie haben ihn verdient." Lifar antwortete: „Ich werde nie Franzose sein, denn ich bin Ukrainer." In seiner Truppe tanzte der Kiewer Virtuose Vaslav Nijinsky, der das Publikum mit „schwerelosen Sprüngen und sanften Landungen" begeisterte. Mit seinem Landsmann, dem Komponisten Sergej Prokofjew, schuf Lifar das Ballett „Am Dnjepr",

Wohl einer der bekanntesten Ukrainer in Deutschland ist der ehemalige Boxweltmeister und heutige Bürgermeister von Kiew, Vitali Klitschko

dessen Uraufführung in Paris stattfand. Der neue Flughafen in Donezk trug den Namen Sergej Prokofjew International Airport, da der weltberühmte Komponist unweit von Donezk geboren wurde.

Die Deutschen lieben die Brüder Klitschko. Die Italiener kennen am besten den Ukrainer Andrij Schewtschenko, den Superstar des Fußballs und ein Freund Giorgio Armanis. Der frühere Stürmer wurde zweimal Torschützenkönig in Italien und steht im Jahre 2020 auf Platz 9 der Liste der Top-Torjäger der UEFA Champions League.

In der Renaissance war in Italien und ganz Europa ein anderer Ukrainer bekannt, nämlich Jurij Drohobytsch. Er war Philosoph, Astronom und Astrologe. Als Professor der Medizin lehrte er an

der Universität Krakau und war Rektor der Universität Bologna. Ja, er war Ruthene, doch die Minderheit gilt in der Ukraine als Teil der ethnischen Ukrainer.
In der Nähe von Kiew kam der jüdische Schriftsteller Sholem Aleichem zur Welt. Sein berühmtestes Werk ist der Roman „Tewje der Milchmann", auf dem das bekannte Musical „Fiddler on the Roof" („Anatevka") basiert.
Der größte ukrainische Schriftsteller, Nikolai Gogol, war Sohn eines Gutsbesitzers aus Poltawa. Vor 200 Jahren veröffentlichte er in Sankt-Petersburg seine humorvollen Gruselerzählungen über das Leben von Vampiren und anderen Bösewichten in einem fröhlichen ukrainischen Dorf und wurde damit über Nacht berühmt. In der ganzen Welt ist seine Erzählung „Taras Bulba" dank der Hollywood-Verfilmung mit Yul Brynner und Tony Curtis bekannt.
In vielen Städten der Welt stehen Denkmäler für einen Mann mit einem buschigen, langhaarigen Schnauzbart – es ist nicht immer Otto von Bismarck. In Paris, Rom, Moskau, Washington, Ottawa, Cleveland, Encarnación, Buenos Aires und Dutzenden anderen Städten wurden Denkmäler für den ukrainischen Dichter und Maler Taras Schewtschenko errichtet. Er war Leibeigener, aber sein Gutsherr erkannte sein Talent und schickte ihn nach Sankt-Petersburg. Dort wurde er in die Kunstakademie aufgenommen. Der große russische Künstler Karl Brjullow malte ein Bildnis, das durch eine Lotterie verkauft wurde. Für dieses Geld wurde Schewtschenkos Freiheit erkauft. Schon früh begann Schewtschenko, Gedichte auf Ukrainisch zu schreiben, die auch veröffentlicht wurden. Er hatte Erfolg als Maler und als Dichter. Alles wäre gut gewesen, aber Schewtschenko hatte sich in Kiew der geheimen idealistisch-revolutionären „Kyrill-und-Method-Bruderschaft" angeschlossen, die von der Polizei ausgehoben wurde. So wurde der Dichter als Soldat nach Kasachstan verbannt, durfte nicht schreiben und nicht malen. Doch wir wollen die wunderbaren Aralsee-Zeichnungen, rund 200 an der Zahl,

„Die Saporoger Kosaken schreiben dem türkischen Sultan einen Brief" (1891), Gemälde von Ilja Repin, der in der Nähe von Charkiw geboren wurde

nicht vergessen, die Taras Schewtschenko während seiner „Kasachstan"-Verbannung im Rahmen der Aralsee-Expedition von Alexej Bukatow 1848/1849 anfertigte. Dank einflussreicher Freunde wurde er nach zehn Jahren entlassen und erhielt die Erlaubnis, wieder in Sankt-Petersburg und der Ukraine zu leben. Taras Schewtschenko ist die ukrainische National- und Symbolfigur.

In den letzten Jahren wurden „Russische Tage" bei den Auktionshäusern Sotheby's und Christie's zur Tradition. Dort kaufen Russen zu unglaublichen Preisen russische Kunst. Unter den Künstlern des 19. Jahrhunderts sind vor allem die großen Maler wie Iwan Aiwasowski und Ilja Repin hochgeschätzt. Für die Werke „Amerikanische Schiffe bei den Gibraltar-Felsen" und „Waräger am Dnjepr" von Aiwasowski wurden 5,4 Millionen Dollar respektive 3,3 Millionen Dollar bezahlt. Der Marinemaler Iwan Aiwasowski wurde als Owannes Aiwasjan in einer armenischen Familie in Feodossija auf der Krim geboren. Schon zu Lebzeiten war er in ganz Europa berühmt. Aiwasowski, Professor an den Kunstakademien in Sankt-Petersburg und Amsterdam, schuf rund 6 000 Gemälde darunter Meisterwerke mit virtuosen Darstellungen des Meeres, des Wassers und der Küste. Seine Bilder kauften Kaiser, Adelige und der Papst.

Der große jüdisch-ukrainisch-russische Maler Ilja Repin wurde in der Nähe von Charkiw in der Ukraine geboren. Er malte Porträts von Tolstoi, Glinka, Rubinstein und anderen russischen Persönlichkeiten sowie Gemälde zu historischen und Alltagsthemen. Repin war von der Freiheitsliebe und dem republikanischen System der ukrainischen Kosaken fasziniert. Auf seinem großformatigen Gemälde „Die Saporoger Kosaken schreiben dem türkischen Sultan einen Brief" sieht man die „braven" Kämpfer, die gerade eine Antwort an Mehmed IV. aufsetzen. An diesem Gemälde hat Repin fast 15 Jahre gearbeitet. Der Maler reiste durch die Ukraine, sammelte authentische Gegenstände der Kosaken und fertigte unzählige Zeichnungen an. Die Kosaken sind auf dem Gemälde naturgetreu abgebildet und man kann erfahren, welche Kleidung und Waffen sie trugen. Das Gemälde, das sich im Bestand des Russischen Museums in Sankt-Petersburg befindet, konnte man 2003 in Saarbrücken und in Berlin in der Ausstellung „Ilja Repin: Auf der Suche nach Russland" und 2012 in Chemnitz in der Ausstellung „Die Peredwischniki – Maler des russischen Realismus" sehen. Es gibt zwei Varianten dieses Gemäldes. Die zweite von 1893 ist im Staatlichen Museum der bildenden Künste in Charkiw zu sehen. 1887 vollendete Repin die erste vollständige Skizze in Öl. Diese befindet sich in der Tretjakow-Galerie in Moskau.

Ich könnte weiter erzählen. Aber es reicht für das erste Kennenlernen. Erinnern wir uns noch einmal. Prominente Ukrainer? Ja, natürlich, alle kennen sie: Prokofjew, Repin, Andy Warhol, Archipenko, Malewitsch, Koroljow, Sikorsky, Antonow, Gogol, Taras Schewtschenko, Andrij Schewtschenko, Golda Meir, Kirk Douglas, Sergej Lifar, Milla Jovovich ...

Wie heißt das größte Land Europas?

Schon als kleines Kind habe ich einen Mann, der im All gewesen war, ganz nah gesehen. Aber niemals habe ich damals einen Menschen getroffen, der im Ausland war. Ganz zu schweigen vom Ausland selbst. Fremde Länder lernten wir aus den Geografiebüchern und aus dem Fernsehen kennen. Vor meinen inneren Augen sehe ich Europa, wie es in der Wetterschau gezeigt wurde: Es war immer mit grauen Wolken bedeckt. Aus denen ragten einige wenige Gipfel heraus: der Eiffelturm und der Turm von Pisa, der Mont Blanc, der Big Ben und über Deutschland – dicht nebeneinander – Fabrikschlote. Damals wusste ich nicht, dass es die Zugspitze gibt. Ich wusste aber, dass die Deutschen alle guten Sachen produzieren. Die Wetterschau ist eine gute Möglichkeit, erste Geografiekenntnisse über die Ukraine zu gewinnen. Wir sehen die Karte Europas, auf der mein Land ganz einfach zu finden ist. Noch vor einigen Jahren war das übrigens nicht möglich: Der Meteorologe stand so, dass die Ukraine verdeckt blieb. Heute sieht man rechts von Griechenland die Türkei, über der Türkei erkennt man den blauen Fleck des Schwarzen Meeres, in dem wie ein Weinblatt die Halbinsel Krim schwimmt. Nördlich davon liegt der Rest der Ukraine. Die kürzeste Strecke zwischen der Krim und Inceburun (Sharp Cape) an der anatolischen Küste beträgt 263 Kilometer. „Wie heißt das größte Land Europas?", fragte man in einer Quizshow. Die richtige Antwort war – Dänemark. Zum Königreich gehört Grönland, das so groß wie Europa selbst ist. Genau so gut könnte man Russland sagen, das sich von Skandinavien bis nach Amerika ausdehnt. Aber drei Viertel des russischen Territoriums liegen in Asien. In der Tat ist die Ukraine das größte Land, das vollständig in Europa liegt. Sie erstreckt sich über 603 700 Quadratkilometer, ist damit etwas größer als Frankreich (543 965 Quadratkilometer) und Spanien (505 970 Quadratkilometer). Die Ukraine erstreckt sich 893 Kilometer von Nord nach Süd und

Das Schwalbennest in Gaspra an der Südküste der Krim ist ein Symbol der Halbinsel. De facto gehört die Halbinsel seit März 2014 nicht mehr der Ukraine und ist vom Rest des Landes abgeriegelt

1 316 Kilometer von West nach Ost. Der nördlichste Punkt befindet sich auf demselben Breitengrad wie Hannover, die Südküste der Halbinsel Krim auf dem von Venedig.

Halt! Kann ich die Krim noch als ein ukrainisches Landstück erwähnen? De facto gehört die Halbinsel jetzt nicht der Ukraine und ist vom Rest des Landes abgeriegelt. Es steht fest, dass das Elsass nach 300 (!) Jahren Hin und Her heute nicht mehr zu Deutschland gehört, obwohl man dort nach wie vor – wenngleich ein etwas verändertes – Deutsch hört, das sogar ich verstehe. Seit der Annexion der Krim sind nur sechs Jahre vergangen. Also ...

Zwei Drittel der Fläche der Krim ist trockene, flache Steppe. Menschen, Tiere und Pflanzen erhielten das zum Leben notwendige Wasser vom ukrainischen Festland. Dafür wurde vor 59 Jahren – mit dem Bau wurde 1961 begonnen – ein 402,6 Kilometer langer Kanal gebaut, über den Wasser aus dem Dnipro, wie der Dnjepr auf ukrainisch heißt, auf die Krim gelenkt wurde.

Die Krim-Gebirge im Süden der Halbinsel schützen die Südküste vor Winden und bescheren ihr ein mediterranes Klima. Lorbeer, Kiefer, Lavendel und Zypressen verströmen ihre Düfte und Aromen. Vier Arten Wacholder wachsen auf der Krim, darunter der Hohe Wacholder, der 300 bis 600 Jahre alt wird. Seine wohlriechenden Aromen vernichten bis zu 30 Prozent der Mikroben in der Luft. Leider wird der Baum in großen Mengen gefällt und zu Souvenirs verarbeitet, obwohl dies verboten ist, denn die Pflanze steht unter Naturschutz. Auf der Krim werden ätherische Öle produziert und überall angeboten. Besonders wertvoll ist Rosenöl, das auf dem Weltmarkt teurer als Gold verkauft werden kann. Schon im Altertum war die Krim eines der wichtigsten Zentren der Salzförderung. Ochsen zogen die mit Salz beladenen Fuhren nach Westen, Osten und Norden. Archäologen können diese Strecken heute noch durch den erhöhten Salzgehalt im Boden nachweisen. Begleitet wurden die Fuhren von den Tschumaken (= ukrainische Fuhrleute). Daher heißt der historische Salzweg in der Ukraine Tschumazker Schljach (Weg).
Das Schwarze Meer ist ein außergewöhnliches Gewässer. Es ist bis über 2 500 Meter tief, aber Leben gibt es nur bis in eine Tiefe von 125 bis 200 Metern. Tiefer gibt es keinen Sauerstoff mehr, da das Wasser einen hohen Schwefelgehalt aufweist. Deshalb wächst und schwimmt dort nichts und niemand, außer anaeroben Cyanobakterien. In den warmen Wellen plätschern Dutzende Fischarten, darunter wertvoller Stör, wie Europäischer Hausen (Belugastör), und harmlose Haie. Auf den Märkten in kleinen Fischerdörfern wird Fisch frisch oder getrocknet, geräuchert und gesalzen angeboten. Schiffe und Boote werden von Delphinen begleitet. In Jewpatorija gibt es ein Sanatorium, wo Kinder mit Beeinträchtigungen mit Hilfe von Delphinen therapiert werden.
An der Schwarzmeerküste des ukrainischen Festlandes liegt die Hafen- und Handelsstadt Odessa. Die Stadt ist stolz auf ihr Opernhaus, das vom Wiener Architekten-Büro Fellner & Helmer gebaut wurde. Von ihnen stammen auch die Theatergebäude in

Die Hafen- und Handelsstadt Odessa ist stolz auf ihr Opernhaus

Wien, Prag, Wiesbaden und Augsburg. In Odessa sagt man bescheiden: „Unser Opernhaus nimmt nicht den ersten, aber auch nicht den zweiten Platz unter den schönsten Opernhäusern Europas ein."

Es gibt noch ein kleineres Meer in der Ukraine, das ist das Asowsche Meer. Es ist über eine Meeresenge mit dem Schwarzen Meer verbunden. Mehrere Flüsse bringen so viel Süßwasser mit sich, dass das Meer nicht besonders salzig ist und im Winter zufriert. Zudem ist das Asowsche Meer nur maximal 14 Meter tief und hat von Mai bis Oktober Wassertemperaturen von bis zu 30 Grad Celsius. Deshalb werden hier die unterschiedlichsten Fischarten beobachtet. Im Sommer zieht es unzählige Familien mit Kindern an die Strände. Die Väter angeln und surfen, die Mütter baden und entspannen. In den hiesigen Thermalquellen und Heilerden suchen die Besucher ihre verlorene Gesundheit. In den letzten Jahren entstanden moderne Hotels, Kurkliniken und Resorts mit

verführerischen Namen wie Sunrise, Havanna, Siesta, Gulfstream und Hawaii.
Mit EU-Europa hat Ukraine einen gemeinsamen Fluss – die Donau. Die Donau entspringt im deutschen Schwarzwald und fließt etwa 2 950 Kilometer immer in Richtung Südosten. In Rumänien, etwa 80 Kilometer vor ihrer Mündung ins Schwarze Meer, ändert die Donau plötzlich ihren Lauf und biegt in einem gerade Winkel nach Norden, Richtung Ukraine, ab. Hier teilt sie sich in drei Arme. Zwei von ihnen befinden sich in Rumänien, der Chilia-Arm gehört uns. Bereits 1991 wurde das Donaudelta in die Liste der Feuchtgebiete internationaler Bedeutung der Ramsar-Konvention und 1993 in die Liste des Weltnaturerbes der UNESCO aufgenommen. Seit 1999 führt die UNESCO das Delta als ukrainisch-rumänischen Komplex „Donaudelta" in der Liste der Biosphärenreservate. Das Delta ist ein Paradies für Fische und Angler, die hier Welse mit einem Gewicht von bis zu 300 Kilogramm und einer Länge von vier bis fünf Metern angeln können. Wer nicht soviel Glück hat, wird einen aus den weiteren hier verzeichneten 91 Fischarten wählen. Unter den 253 Vogelarten, die in dieser Gegend leben, sind die Scharen von über 1 000 Rosapelikanen besonders beeindruckend. Bisamratten, europäische Nerze, Füchse, Hermeline und Fasane kommen in großen Mengen vor; es gibt Wildkatzen und Seehunde. Nur hier trifft man in Europa auf annähernd 1 000 Pflanzenarten. König der Pflanzen ist das Schilf, das in unglaublichen Mengen und bis zu fünf Meter hoch wächst. Hunderttausende Hektar dieser Wasserpflanzen erneuern sich ohne menschliche Hilfe. Seit Jahrhunderten machten die Einheimischen aus dem Schilf Papyrus, ähnlich wie die alten Ägypter. Früher haben die Bauern das Schilf zum Decken ihrer Häuser verwendet. Heute wird dieses einheimische Produkt nach Europa exportiert. Die Reetdächer exklusiver Landhäuser in Deutschland, Holland und Österreich sind mit ukrainischem Schilf gedeckt. Es ist ökologisch, billig und hat ausgezeichnete Dämmeigenschaften. Außerdem kann Schilf zur

1828 wurde von Herzog Ferdinand von Anhalt-Köthen ein Gut mit Namen Askania Nowa gegründet

Herstellung von Heizbriketts und Papier sowie für dekorative Wandbekleidungen genutzt werden.

Dank der Donau wird das ukrainische Territorium von Jahr zu Jahr größer. Der Fluss bringt so viel Schlamm mit sich, dass das Meer zurücktritt. Es entstehen Landzungen und untiefe Sandbänke. Sie werden größer, das Wasser wird süß und wächst mit Pflanzen zu. Ein typisches Beispiel dafür ist die Stadt Wilkowo. Vor 250 Jahren lebten die ersten Siedler noch direkt an der Küste des Schwarzen Meeres. Heute liegt die Stadt 18 Kilometer von der Küste entfernt. Wilkowo wird „ukrainisches Venedig" genannt, denn seine Bewohner bewegen sich vor allem mit dem Boot durch ein Netz aus Kanälen, Seen und Durchflüssen. In den 1960-er und 1970-er Jahren verdienten sich die Stadtbewohner ihren Lebensunterhalt mit einer exotischen Exportware. Sie züchteten Frösche, die harte Devisen brachten. Das Futter gab es umsonst. Man schaltete in der Nacht Laternen an, und Abermillionen Insekten flogen herbei, um dann gefressen zu werden.

Wenn die Frösche groß genug waren, wurden sie an französische Gourmetrestaurants versandt. Für ein Kilogramm quakender Delikatesse erhielten die Bauern einen Rubel. Jährlich wurden etwa 150 Tonnen der leckeren Amphibien verkauft.
Das Donaudelta und die Stadt Wilkowo kann man während einer Donaukreuzfahrt besuchen und nebenbei zehn Länder kennenlernen – Deutschland, Österreich, Ungarn, Serbien, Kroatien, Slowakei, Moldowa, Rumänien, Bulgarien und die Ukraine.
Einem deutschen Einwanderer verdanken wir ein einzigartiges Naturschutzgebiet: Askania Nowa im Süden des Landes. Benannt ist es nach den Askaniern, einem deutschen Adelsgeschlecht in Brandenburg und Anhalt.
1828 wurde von Herzog Ferdinand von Anhalt-Köthen ein Gut mit Namen Askania Nowa als Kolonie des Herzogtums Anhalt-Köthen gegründet, um dort eine Schafzucht zu betreiben, da es in Anhalt an ausreichender Weidefläche fehlte. Die Wahl fiel auf Steppe 71, einem Gebiet von 50 000 Desjatinen (ca. 550 Quadratkilometer), wobei die Köthener wegen der Kargheit des Bodens 48 000 Desjatinen geschenkt bekamen. Weiterhin erhielten sie noch etwa 6 000 Desjatinen am Schwarzen Meer. Die Übertragung des Landes erfolgte am 3. März 1828 durch einen Ukas des Zaren. Der Name Askania Nowa bedeutet sinngemäß Neu-Askanien. Nach dem Tod von Herzog Heinrich, letzter Regent von Anhalt-Köthen, ging Askania Nowa in den Besitz des Herzogs von Anhalt-Dessau über. Dieser verkaufte das unrentable Unternehmen mit 30 000 Schafen am 6. Oktober 1856 für etwa 1,5 Millionen Goldmark an den deutsch-russischen Viehzüchter und Gutsbesitzer Friedrich Fein. Friedrich Fein gründete in Askania ein Unternehmen, wo er Merinoschafe, Rinder und Pferde hielt. Sein Urenkel Friedrich Falz-Fein hat das Landgut bei Cherson schrittweise in einen der größten Naturschutzparks der Welt mit Botanischem Garten und exotischem Tierpark – aber auch einer halben Million Schafen – umgewandelt, der 1921 staatliches Eigentum der Ukraine wurde. Tiere wurden hier

Heute ist Askania Nowa Steppenreservat und zoologische Versuchsstation zugleich. Hier wachsen knapp 500 Arten von Blumen und leben 50 Arten von Huf- und anderen Tieren aus allen Kontinenten in fast wilder Umgebung

nicht nur gehalten, es wurden wissenschaftliche Beobachtungen und Kreuzungsversuche unternommen. Für die besonderen Verdienste verlieh der russische Zar den Brüdern Falz-Fein im Jahre 1915 den Adelsstand. 1919 floh die Familie nach Deutschland. Das Oberhaupt der Familie Baron Eduard Alexandrowitsch von Falz-Fein lebte bis zu seinem Tod 2018 in der Villa „Askania Nova" in Liechtenstein. Er hat sich jahrzehntelang für die Ukraine und für Askania Nowa eingesetzt. Für sein Engagement wurde er mehrmals von ukrainischen Präsidenten und der Regierung mit Orden ausgezeichnet. Die wissenschaftliche Tätigkeit wird in Askania Nowa bis heute fortgesetzt. Das Gebiet ist Steppenreservat und zoologische Versuchsstation zugleich. Askania Nowa ist seit 1984 in das Internationale System der Naturschutzgebiete der UNESCO eingetragen. 110 Quadratkilometer Fläche des Reservats gelten als Beispiel der Federgrassteppe. Hier wachsen knapp 500 Arten von Blumen und leben 50 Arten von Huf- und anderen Tieren aus allen Kontinenten in fast wilder Umgebung. Ungestört bummeln im gelben Gras Zebras, Antilopen, Flamingos, afrikanische Strauße, australische Emus und südamerikanische Nandus. Das Gebiet dient der Akklimatisierung und Züchtung von bedrohten Tierarten, unter anderem des

sibirischen Steinbocks, des nordamerikanischen Bison und des asiatischen Urwildpferds. Während einer Fotosafari kann man an einem Tag drei Kontinente besuchen – Nordamerika, Afrika und Asien. Besonders im Frühling und im Herbst ist die Steppe wunderschön und voll von Vogelschwärmen. Die Schafe von Fein-Falz haben viel dazu beigetragen, dass in der Ukraine ein Naturdenkmal entstanden ist – die kleine Halbwüste Oleschky-Sande. Mit rund 161 Quadratkilometern ist sie die zweitgrößte Halbwüste in Europa. Es gibt kleine Dünen, grüne Oasen und dichte Sandstürme. Wenn sich der Sand im Sommer auf bis zu 77 Grad Celsius erhitzt, kann man dort Eier ohne Feuer braten. Der Vater aller Flüsse in der Ukraine ist der Dnipro. Mit seinen 2 285 Kilometer (heute durch den Bau von einer Staubecken-kaskade nur noch 2 201 Kilometer) ist er nach Wolga und Donau der drittlängste Fluss Europas. Durch die Ukraine verlaufen mehr als 1 100 Kilometer des Flusses. Am Mittel- und Unterlauf erreicht der Dnipro eine Breite von 2,5 bis 3,5 Kilometern. Die größte Dnipro-Insel ist Chortiza bei Saporoschje. Der Dnipro mündet ins Schwarze Meer.
Im Norden liegt auf beiden Ufern des Dnipro die ukrainische Hauptstadt Kiew, die 1982 ihr 1 500-jähriges Jubiläum feierte. Die Stadt ist alt, schön und grün, mit vielen Parks und Kastanienalleen. Auf den grünen Hügeln des westlichen Ufers funkeln die goldenen Kuppeln der alten Kirchen, Kathedralen und Klöster. Die Sophienkathedrale, gegründet 1037, findet sich auf der Liste des Weltkulturerbes der UNESCO. Das Höhlenkloster Kijewo-Petscherska Lawra, entstanden um 1050, zählt ebenfalls zum Weltkulturerbe. Das prächtige Sankt-Michaels-Kloster aus dem 12. Jahrhundert wurde in den 1930-er Jahren auf Befehl Stalins gesprengt. Doch der Mann war ja nicht blöd, zuvor wurden die Mosaiken aus dem 12. Jahrhundert entfernt, die Wandbilder in der Eremitage in Sankt-Petersburg ausgestellt und viele wertvolle Kunstwerke ins Ausland verkauft. In den 1990-er Jahren wurde die Kathedrale mit Hilfe von Spendengeldern wie-

Das prächtige Sankt-Michaels-Kloster aus dem 12. Jahrhundert wurde in den 1930-er Jahren auf Befehl Stalins gesprengt. In den 1990-er Jahren wurde die Kathedrale mit Hilfe von Spendengeldern wiederaufgebaut

deraufgebaut. Die Brüder Klitschko haben für die goldenen Kuppeln gespendet.

Im Osten des Landes liegt das Donezk-Becken oder Donezki Bassein, kurz Donbass.

Der Name ist vom Fluss Donez abgeleitet. In dieser trockenen Steppenlandschaft steigen die Temperaturen im Sommer oft über 35 Grad Celsius. In der heißen schwebenden Luft erscheinen am Horizont dunkle Pyramiden. Wir sind nicht in Ägypten, und es ist keine Fata Morgana, das sind Abraumhalden. In Donezk, der Hauptstadt der Region, ragen mitten in der Stadt mehrere dieser riesigen Kolosse empor. Im 19. Jahrhundert gründete hier der Waliser John Hughes eine metallurgische Fabrik, die Arbeitersiedlung gleich daneben wurde zunächst nach ihm Jusowka genannt (Hughes – Jus – Jusowka). Jusowka wurde 1924 zu Ehren Stalins in Stalino umbenannt und erhielt 1961 den Namen Donezk. Südlich der Donbass-Hauptstadt am Ufer des Donez liegt das Kloster des heiligen Entschlafens der Gottesgebärerin von Swjatohirsk. Erstmals wurde das Kloster 1526 in den Reisebeschreibungen von Siegmund Freiherr von Herberstein schriftlich erwähnt, der ein Kaiserlicher Rat und österreichischer Gesandter am Russischen Hof war. Gegründet wurde das Kloster wahrscheinlich bereits im 11. Jahrhundert. Es steht hoch über dem Fluss auf einem weißem Kreidefels.

Die Ukraine kann sich über mangelnde Schätze der Natur nicht beklagen. Selbst die Erde im Süden des Landes ist fruchtbar. Das Land war immer die Kornkammer des Russischen Reiches. 90 Prozent des Weizens, den die russischen Zaren exportierten, kam aus der Ukraine. Noch vor 100 Jahren war die fette Schwarzerdeschicht in den Steppen bis zu drei Meter dick. Im Zweiten Weltkrieg wurde der fruchtbare Lössboden auf Befehl Hitlers abgetragen und als kostbarer Humus nach Deutschland transportiert. Heute wird das Landgrabbing in großem Stil fortgesetzt. China und andere Länder kaufen oder pachten Hunderttausende Hektar Land in der Ukraine. Während man woanders bis zu 2 000 Euro in einen Hektar Land investieren muss, wachsen die Pflanzen in der ukrainischen Schwarzerde fast von allein.

In der ukrainischen Erde liegen die größten Steinkohlevorkommen der Welt – insgesamt 40 Milliarden Tonnen. Leider zu tief. Kalzium, Zink, Kobalt, Chrom kommen im ukrainischen Boden vor. Eisen- und Manganerze haben wir in Hülle und Fülle. Dazu kommt noch Uran und Bleierz, Quecksilber, Titan, Nickel, Zirkonium, Lithium, Beryllium, Phosphate, Kaolin, Asbest, Graphit.

Das Ganze nutzt uns wenig, denn die Ukraine hat kaum eigenes Erdgas und Erdöl. Geplant war, Öl und Gas auf dem Schelf des Schwarzen Meeres zu fördern. Nachdem die Ukraine jede Menge Geld in die Erkundung investiert hatte, hat Russland uns das Schelf zusammen mit der Krim gestohlen. Wie es uns auch Dutzende neu gebaute Wind- und Solarkraftwerke geraubt hat. Der Bau von Windkraftwerken und Solaranlagen boomt in der Ukraine. Bis zum Jahr 2035 wollen wir 25 Prozent unseres Strom-

Die größte und schönste Stadt der Westukraine ist Lwiw (Lemberg). Das historische Stadtzentrum, das von Kriegszerstörungen verschont blieb, zählt zum UNESCO-Weltkulturerbe

bedarfs aus erneuerbaren Energien decken. Heute sind es gerade zwei Prozent, aber die Ukrainer sind begeistert und enthusiastisch. Windkraftwerke können Vögel und Fledermäuse töten? Es tut mir leid um die verunglückten Tiere. Doch erinnere ich mich sehr gut an den Frühling und den Sommer 1986. Ich lebte in Kiew, 70 Kilometer von Tschernobyl entfernt. Die Regeln für das Überleben waren einfach. Draußen nicht atmen. Im Haus alle Fenster stets geschlossen halten. Nicht essen durften wir Zwiebeln, Weißkohl, Tomaten, Karotten, Dill, Petersilie und Karpfen, die voll von Strontium-90 waren, wie es unsere Knochen dann auch waren. Kartoffeln, Rote Bete, Gurken und unser Muskelgewebe waren mit Cäsium-137 belastet, in der Milch und unseren Schilddrüsen fand sich Jod 131, im Knoblauch Uran-238. Trinken durften wir Rotwein, soviel wir konnten und wollten, was alle jeden Tag auch gerne gemacht haben. Rotwein kann angeblich Radionuklide aus dem Körper spülen. Kurzum: Ich glaube, dass Windkraftwerke jede Landschaft nur schöner machen.

In der Westukraine sind einige mittelalterliche Städte erhalten, darunter Ostrog und Luzk. Die größte und schönste Stadt ist Lwiw, die in Europa als Lemberg bekannt ist. Das historische Stadtzentrum, das von Kriegszerstörungen verschont blieb, findet sich mit seinen schönen Bauten von der Renaissance bis Art Deco auf der UNESCO-Liste des Weltkulturerbes.
Eine der schönsten Ecken unseres Landes sind die Karpaten. Seit knapp 200 Jahren sind die Karpaten ein Kurgebiet. Anfang des 19. Jahrhunderts, die Westukraine gehörte noch zu Österreich, kam der deutsche Bergbauingenieur Gecker hierher, um nach Bodenschätzen zu suchen. Er hat nichts Kostbares gefunden, aber dafür das kleine Dorf Truskawez mit seinen 14 Mineralquellen entdeckt. Die herrlichen Berglandschaften mit dichten Wäldern und Heilwasser haben ihm sehr gefallen. Wohl nicht ohne seine Mitwirkung, wurden hier bald die ersten Kurhäuser gebaut. Man trinkt das Heilwasser bei Nieren- und Lebererkrankungen. Truskawez ist in aller Welt bekannt wegen seiner Rehabilitationszentren und einer Spezialklinik, in der Doktor Wolodymyr Kozijawkin spastisch gelähmte Kinder mit manueller Therapie behandelt. Die Kozijawkin-Methode ist eine der vier besten Methoden der Behandlung solcher Krankheiten.
Der höchste Berg in den ukrainischen Karpaten ist der 2 061 Meter hohe Gowerla. Es reicht, um im Winter Ski zu fahren. Auf den Pisten hört man immer öfter nicht nur Ukrainisch. Der bekannteste und beste Sportort der Ukraine ist Bukowel, nach dem gleichnamigen Berg, im Gebiet Iwano-Frankiwsk. Bukowel hat neben den 61 Skipisten ganzjährig etwas zu bieten: Panoramalifts, den Park für Extremsport, den Alpinen Park, das Skating-Feld, Rafting und viele andere exotische Sportvergnügen. Da dort auch noch Mineralwasser sprudelt, wurden in Bukowel SPA-Hotels und Kurkliniken mit Heilwasser geöffnet. Jetzt wissen Sie, wo Sie ihren nächsten Urlaub verbringen können, wenn Sie früh genug buchen.
Willkommen in der Ukraine!

БОГДАН
ХМЕЛЬНИЦЬКИЙ
1888

Ein kurzer Blick in die Geschichte

Über die Kriege werden wir nicht reden. Krieg ist immer Mord und Raub. Sie führen oft zu völlig unerwarteten Ereignissen. Der Erste Weltkrieg. 10 Millionen Tote. Die Folge: Das Ende des Osmanischen, des Russischen, des Germanischen und des Habsburger Reiches. Europa wurde zur Seite geschoben, die USA drängten auf die erste Stelle. Und voila ... die Sowjetunion. Der Zweite Weltkrieg. 60 Millionen Tote. Heimlich hatten alle auf das Ende der UdSSR gehofft, doch verloren sie halb Europa an sie.

Schlachten und Gefechte ausgenommen, stelle ich mir die Geschichte Deutschlands wie folgt vor: Erste Vereinigung unter Karl dem Großen, zweite Vereinigung durch Otto von Bismarck, und dann kam die Deutsche Einheit, Gorbatschow sei Dank. Ähnlich könnte man die Geschichte der Ukraine in drei Sätzen fassen: Befreiung von Polen. Befreiung von Türken und Österreichern. Befreiung von Russen, Gorbatschow sei Dank. Oder in vier Wörtern: Frei. Erobert. Wieder frei.

Im Süden der Ukraine kannte man nie Ruhe. Für die Nomaden aus Asien lagen diese Gebiete gerade auf ihrem Weg von Ost nach West. Seit dem 8. Jahrhundert vor unserer Zeitrechnung siedelten sich dort nacheinander Reitervölker aus dem Osten – Kimmerer, Skythen, Sarmaten und Taurer (ein Hirtenvolk auf der Krim) – an. Nach Letzteren wird die Krim heute noch Tauris genannt, und eine Bierbrauerei in Donezk heißt Sarmat. Zum Glück kamen die Griechen fast gleichzeitig mit den Reitervölkern und gründeten ihre Kolonien in den nördlichen Küstengebieten des Schwarzen Meeres. Hier ließen sich griechische Kaufleute, Priester, Soldaten, Bauern und Künstler nieder. Aus den griechischen Siedlungen wurden später die ältesten und bekanntesten Städte der Ukraine. Der griechische Historiker Herodot besuchte die Region und beschrieb sie in seinen Werken. Seine Kollegen erzählten grausige Geschichten über die hiesigen Bewohner. Sie

Seit dem 8. Jahrhundert vor unserer Zeitrechnung siedelten im Süden der Ukraine nacheinander Reitervölker aus dem Osten – Kimmerer, Skythen, Sarmaten und Taurer. Berühmt sind die Goldarbeiten der Skythen wie diese Brosche aus der zweiten Hälfte des 7. Jahrhunderts vor unserer Zeitrechnung

behaupteten, daß die Skythen das Blut ihrer getöteten Feinde tranken. Dumm aber waren die Urahnen der Ukrainer nicht. Ein Skythe mit Namen Anacharsis wird mitunter zu den berühmten Sieben Weisen von Griechenland gezählt. Eine höhere Wertschätzung gab es damals nicht. Es ist wie IQ 200. Viele Skythen waren vom griechischen Lebensstil und von der griechischen Kultur begeistert. Der Skythenherrscher Skiluros heiratete eine Griechin, baute ein Schloss und lebte dort wie ein Grieche. Besonders gefiel ihm der Dionysoskult, er war ein leidenschaftlicher Anhänger des Gottes des Weines und der Fruchtbarkeit.

Schon früh tauchten bei uns die ersten Germanen auf. Um 200 unserer Zeitrechnung kamen die Goten. Ermanrich, der legendäre König der Greutungen/Ostgoten, gründete im 4. Jahrhundert ein riesiges Reich zwischen den Flüssen Dnipro und Dnjestr, einschließlich der Halbinsel Krim. Deshalb wollte Hitler die Krim in „Gotenland" umbenennen, über eine Autobahn mit Deutschland verbinden und auf der Halbinsel Südtiroler ansiedeln. Im Zuge der großen Völkerwanderungen wurden die Goten von anderen Völkern wie den Hunnen, den Bulgaren, den Awaren, den Chasaren und den Tataren verdrängt. Im Norden des Landes verlief das Leben weniger hektisch. Im Herzland der Ukraine, am mittleren Dnipro, lebten ostslawische Stämme. Im 5. Jahrhundert gründeten die Brüder Kij, Schtschek und Choriw und ihre Schwester Lybid laut Nestorchronik auf den Dnipro-Hügeln das nach Kij benannte Städtchen Kiew. Nachfahren von Fürst Kij regierten in Kiew knapp 400 Jahre.

Im 9. Jahrhundert wurde es den Normannen auf ihrer skandinavischen Halbinsel zu kalt und zu langweilig. Ein Teil von ihnen (Dänen und Norweger) segelte nach Westen, sie überfielen England, Frankreich und Deutschland. Die anderen, die sich damals Waräger nannten und aus dem heutigen südlichen Schweden kamen, begaben sich Richtung Südost. Sie gründeten im Norden in der Nähe des heutigen Sankt-Petersburg die Stadt Nowgorod. Im Süden gelangten sie bis nach Kiew und töteten den slawischen Fürsten. Die Nachfahren der Waräger vereinigten später die Nowgoroder und die Kiewer Lande. Kiew gefiel dem Warägerfürsten Rurik so sehr, dass er sich mit seiner Familie hier niederließ und das große Reich von Kiew aus regierte. Die Neubürger aus dem Norden haben sich rasch mit den slawischen Bewohnern und vor allem mit den slawischen Einwohnerinnen „verschmolzen". Schon ihre Enkel konnten die Sprache ihrer Großväter nicht mehr sprechen. Die skandinavischen Namen wurden bald nach slawischer Art ausgesprochen: aus Helga wurde Olga, aus Ingwar – Igor, und aus Normannen wurden Kiewer. Im Mittelalter blühte das Kiewer Reich auf. Kiew war damals die größte Stadt der Ostslawen. Laut dem deutschen Bischof von Merseburg Thietmar gab es in Kiew Anfang des 11. Jahrhunderts 400 Kirchen und acht Handelsplätze. Kiew hatte mehr als 50 000 Einwohner, war damit so groß wie Köln oder Paris. Moskau, Berlin und München gab es damals noch nicht.

Anfang des 13. Jahrhunderts tauchten an unserem Horizont tatar-mongolische Krieger und Räuber aus den Steppen Asiens auf. Ihr Reich hieß „Goldene Horde", denn das Zelt ihres Herrschers war mit Gold geschmückt. Ihr Anführer war Khan Batu,

Die Griechen kamen fast gleichzeitig mit den Reitervölkern und gründeten ihre Kolonien in den nördlichen Küstengebieten des Schwarzen Meeres

ein Enkel von Dschingis Khan. Eigentlich wollte Batu Westeuropa überfallen. Dies hätte er leicht und schnell machen können, wenn die Flüsse und Wege gefroren gewesen wären. Aber das Wetter spielte nicht mit, und Batu musste seine Pläne aufgeben. Stattdessen erstürmten die Mongolen am 6. Dezember 1240 Kiew. Die Stadt wurde völlig zerstört, überlebt hat kaum jemand. Danach wollte der Khan wieder nach Westen und zwar nach Deutschland. In der letzten Minute rettete eine Frau die Teutonen. Denn plötzlich kam eine Nachricht aus der Mongolei: Eine betrogene Geliebte hatte den regierenden Khan Ügedej vergiftet. Nach einer weniger romantischen Darstellung war Ügedej ein Trinker und starb an der Trinksucht. Khan Batu eilte nach Hause, um Erbschaftsfragen zu klären.

Die Mongolen beherrschten unser Land fast 300 Jahre lang. Unter ihnen verödeten die ukrainischen Gebiete völlig. Als die Mongolen weg waren, wurde die geschwächte Ukraine im 16. Jahrhundert zwischen drei Reichen – Moskowien, Polen-Litauen und der Türkei – geteilt. Später biss auch Österreich noch ein Stück des ukrainischen Kuchens ab.

Mit dem Niedergang der Goldenen Horde entstand im Süden der heutigen Ukraine das Khanat der Krimtataren, die selbst Lehensmänner des Osmanischen Reiches waren. Durch die stetigen Tatarenüberfälle wurde das Land schrecklich entvölkert. Bis in das 18. Jahrhundert verschleppten die Tataren alljährlich Tausende von Menschen und verkauften sie in osmanische Gefangenschaft.

Die Verteidigung der Heimat gegen Tataren und Türken war die Hauptaufgabe der Kosaken. Das turksprachige Wort „Kosak" bedeutet „freier Krieger, Abenteurer, Vagabund". Und so waren die Kosaken tatsächlich, wild und unabhängig. Das Kosakentum entstand im 15. Jahrhundert. Unzufriedene Bauern flüchteten damals aus feudaler Unterdrückung und Leibeigenschaft in die freie ukrainische Steppe um den Dnipro – Dikoje Pole (Wildes Feld) – und gründeten eigene Militärlager. Unter den Kosaken waren auch Adlige, Bürger, Tataren und Juden. 1556 wurde auf der Dnipro-Insel Chortiza unterhalb der Dnipro-Stromschnellen eine Festung gebaut, genannt Sitsch (von schneiden). Die Kosaken, die sich dort niederließen, hießen Saporoger Kosaken (von „sa porogahamy" – hinter den Stromschnellen). Ein französischer Kaufmann erzählte, dass man im Kosakenlager sein Geld einfach auf der Straße liegen lassen konnte und am nächsten Tag an derselben Stelle finden würde. Frauen durften die Insel nicht betreten. Diejenigen Kosaken, die wollten, konnten auch im Dorf leben, der Landwirtschaft nachgehen und eine Familie haben – die Dörfer dienten der Versorgung der Sitsch. Die Kosaken waren eine demokratische Gemeinschaft. Ihr Oberhaupt – den Hetman – wählten sie selbst. Die exekutive Gewalt des

Das Goldene Tor wurde unter Großfürst Jaroslaw der Weise von 1017 bis 1024 erbaut. Als Vorbild diente das Goldene Tor von Konstantinopel. 1240 wurde es von Truppen des Batu Khan beschädigt. Das Tor blieb bis zum 18. Jahrhundert Hauptzugang zur Stadt

Hetmans war begrenzt. Die wichtigsten, die Sitsch betreffenden Fragen wurden auf allgemeinen Versammlungen entschieden. 1710 entwarf Hetman Pylyp Orlyk mit „Rechtsbündnisse und Statuten der Gesetze und Freiheiten des Saporoger Kosakenheeres" eine freiheitliche Verfassung für das Hetmanat der Saporoger Kosaken. Der Verfassungsentwurf war gleichzeitig auf ruthenisch und lateinisch angefertigt. Auf Latein hieß er „Pacta et Constitutiones Legum Libertatumque Exercitus Zaporoviensis". In diesem Verfassungsentwurf schuf Orlyk noch vor Montesquieu demokratische Standards – nämlich die Trennung der legislativen, exekutiven und judikativen Staatsgewalt. Wikipedia meint: „Damit gehört dieser Entwurf zu den ersten europäischen Verfassungen von beispielhafter Bedeutung."

Die Saporoger betrieben Fischerei und Jagd, ab und zu plünderten sie tatarische und türkische Städte an den Küsten des Schwarzen Meeres. Hauptberuflich waren sie jedoch Krieger. Die Kosaken waren für jede Macht in Europa von Nutzen. Sie schützten Staatsgrenzen, standen jederzeit zur Verfügung und kosteten nicht viel. Ukrainische Kosaken dienten als Söldner bei deutschen Landsherren, besonders während des 30-jährigen Krieges. Bei der Zweiten Wiener Türkenbelagerung im Jahre 1683 haben Saporoger Kosaken an der Befreiung Wiens teilgenommen, und sie wurden in Europa berühmt. Sie selbst sahen sich als Ritter, ihr Vorbild waren die Malteser. Denn die verteidigten das Mittelmeer vor den Ungläubigen im Westen, die Kosaken verteidigten das Schwarze Meer im Osten.
Ein Teil der Westukraine war seit dem 15. Jahrhundert unter der Herrschaft des vereinigten Polnisch-Litauischen Reiches. Als die Polen begannen, die orthodoxe Kirche zu verfolgen, wurden die Kosaken zu Beschützern des Glaubens. Im 17. Jahrhundert organisierte Hetman Bohdan Chmelnizki einen Aufstand gegen die polnisch-litauische Herrschaft. Und er schuf sogar einen ukrainischen Kosakenstaat – das Kosaken-Hetmanat. Um Polen-Litauen Widerstand leisten zu können, brauchte Chmelnizki allerdings Verbündete. Die Auswahl war nicht groß. Im Jahre 1654 unterzeichnete Chmelnizki einen Vertrag mit dem russischen Zaren, das war der berühmte Vertrag von Perejaslaw, mit dem Chmelnizki dem Moskauer Zaren den Treueeid leistete. Ukrainische Gebiete standen danach unter dem Protektorat Russlands. Die Ukrainer erfreuten sich im Inneren einer Selbstverwaltung und waren sogar in der Außenpolitik eigenständig. Sie konnten Beziehungen mit allen Ländern pflegen, außer mit Polen und dem Osmanischen Reich. Nach und nach aber hat das Zarenreich die Rechte der Ukrainer eingeschränkt und sie schließlich ganz aufgehoben. Die Ukraine zerfiel praktisch in zwei Teile: die linksufrige russische und die rechtsufrige polnische Ukraine. Für die Polen wurde Bohdan Chmelnizki zum Schurken. Der polni-

Denkmal in Kolomak für Iwan Masepa, hier wurde er am 25. Juli 1687 zum Hetman gewählt. Unter Masepa erlebte die linksufrige Ukraine einen wirtschaftlichen und kulturellen Aufschwung

sche Autor Henryk Sienkiewicz schrieb über Chmelnizki seinen berühmten Roman „Mit Feuer und Schwert", aus dem dann ein Comic gemacht wurde. Die dankbaren Russen dagegen haben Chmelnizki in Kiew ein Denkmal errichtet. Der umstrittene Held sitzt immer noch zu Pferde und zeigt mit dem Zepter in Richtung Moskau. Für die Ukrainer hat diese Geste eine andere Bedeutung als für Russland.

Als echter Kämpfer für die Freiheit gilt den Ukrainern nicht Chmelnizki, sondern Hetman Iwan Masepa. Unter Masepa erlebte die linksufrige Ukraine einen wirtschaftlichen und kulturellen Aufschwung. Masepa war ein Mäzen, der reichlich für den Bau von Kirchen und Klöster spendete. Lord Byron, Victor Hugo und Bertolt Brecht haben über Masepa Werke geschrieben.

Franz Liszt und Pjotr Tschaikowski komponierten musikalische Stücke. Der russische Nationaldichter Alexander Puschkin erzählt in seinem Poem „Poltawa“ eine romantische Liebesgeschichte mit historischem Hintergrund. Masepa war schon 70 Jahre alt, als er sich in ein 50 Jahre jüngeres Mädchen namens Maria verliebte. Da Marias Eltern der Heirat ablehnend gegenüberstanden, entführte Masepa seine Geliebte. Deren Vater Kotschubej schwört Rache und informiert den russischen Zaren Peter I. über einen geplanten Verrat Masepas. Der Zar glaubt ihm nicht, Kotschubej wird verhaftet und an Masepa ausgeliefert. Der lässt seinen Gegner und Schwiegervater hinrichten. Maria ist glücklich in ihrer Liebe und weiß nichts von den schrecklichen Taten. Ihrer Mutter gelingt es, sich in den Palast Masepas zu schleichen und der Tochter zu eröffnen, was wirklich geschehen ist. Maria wird wahnsinnig.

In der Tat wechselte Masepa im Nordischen Krieg auf die Seite des Schwedenkönigs Karl XII. gegen Russland. Doch folgten ihm nicht alle Kosaken. In der Schlacht bei Poltawa am 28. Juni 1709 siegte Peter der Große. Der Schwede und der Ukrainer mussten fliehen. Kurz darauf starb Masepa.

Danach hat Zar Peter I. das Kosakentum in der Ukraine vernichtet. Nach Peters Tod regierte seine Tochter Elisaweta Petrowna. Elisaweta war sanftmütig und einfühlsam. Noch als Prinzessin verliebte sie sich in einen schönen Sänger aus der Hofkapelle. Der Junge hieß Alexej Rosumowski. Er wuchs in einer Kosakenfamilie in einem Dorf unweit von Kiew auf. Alexej war der Dorfhirte und sang im Kirchenchor. Dort hörte ein Höfling seine schöne Stimme und nahm ihn mit nach Sankt-Petersburg. Die Prinzessin machte den Ukrainer zu ihrem Favoriten. Alexej Rosumowski hat seiner Geliebten nach einem Staatsstreich auf den russischen Thron verholfen. Danach heirateten die beiden heimlich und lebten glücklich zusammen. Rosumowski hat sich immer für sein Land eingesetzt. Ihm zu Liebe hat Elisaweta die Saporoger Sitsch wiederhergestellt und

Die Schlucht Babyn Jar war am 29. und 30. September 1941 der Schauplatz des größten einzelnen Massakers an jüdischen Männern, Frauen und Kindern im Zweiten Weltkrieg. Es wurde unter der Verantwortung des Heeres der Wehrmacht von ukrainischen Nationalisten durchgeführt. Mehr als 33 000 Juden fielen ihm zum Opfer

ihren Schwager Kyrill Rosumowski zum Kosakenhetman gemacht. Dann starb Elisaweta.

Die neue Zarin Katharina II. vermochte es, alle äußeren und inneren Feinde zu beseitigen. Sie siegte im Kampf gegen die Türken und die Krimtataren, dabei trugen die Kosaken wesentlich zum Sieg bei. Doch duldete die Zarin keine Form der Unabhängigkeit, schon gar nicht der Freiheit. Da die Saporoger sich nicht in die ständigen Truppen integrieren ließen, wurde die Saporoger Sitsch auf der Insel Chortiza 1775 von Katharina II. aufgelöst. 1789 wurden auf der Insel 18 Familien frommer deutscher Mennoniten aus Danzig angesiedelt.

Nachdem Russland den Süden der heutigen Ukraine von den Osmanen eroberte, herrschte das Zarenreich endgültig in fast allen ukrainischen Gebieten. Nur die rechtsufrige Ukraine musste Russland nach dem Ende Polens mit Österreich teilen. Im Westen der Ukraine besaßen die Österreicher seit dem 18. Jahrhundert neben Galizien-Wolhynien mit Lemberg (Lwiw) auch Teile der Bukowina (deutsch: Buchenland). Nach dem Ausbruch des Zweiten Weltkrieges unterschrieben Hitler und Stalin ein geheimes Zusatzprotokoll zu ihrem Pakt. Danach konnte die Westukraine wieder mit dem Rest des Landes vereinigt werden. Die „Hauptstadt" der ukrainischen Bukowina ist Tschernowitz. Die dortige Universität wurde 1875 von Österreichern gegründet und hieß natürlich Franz-Josephs-Universität. Das Hauptgebäude schmückt sich mit einer marmornen „Austria" auf einem Bronzesockel. Heute ist es ein Symbol der Freundschaft zwischen Wien und Tschernowitz.

Die Welt war lange Zeit und ist eigentlich immer noch einem Jurassic Park gleich. Das Feld beherrschten riesige Dinosaurier wie das Imperium Romanum, das British Empire, das Russische Reich, das Osmanische Reich, das Habsburger Reich und andere. Die Giganten fraßen einander und alles um sich, um noch größer zu werden. Kleinere Völker wie die Ukrainer hatten keine Chance, sich durchzusetzen. Ab dem 19. Jahrhundert ging es endlich in eine andere Richtung. Wie Pilze schießen neue Staaten aus dem Boden. Plötzlich gibt es Belgien, Italien, Griechenland. Der Erste Weltkrieg brachte das Ende des Habsburger Reiches und den Anfang von Österreich, Ungarn, Tschechien, der Slowakei ...

Mitten im Krieg geschah die Oktoberrevolution. Um den jungen Sowjetstaat zu retten, musste Lenin 1918 mit dem Deutschen Reich, Österreich-Ungarn und den Osmanen einen Friedensvertrag unterschreiben. Eine der Bedingungen war: Russland musste die Unabhängigkeit von Finnland und der Ukraine anerkennen. In kürzester Zeit schafften es die Ukrainer, eine Ukrainische Unabhängige Republik zu organisieren. Unser Glück war nicht von Dauer. Schon 1922 wurde die Ukraine eine der 15 Republiken der Sowjetunion. Es war aber nicht mehr wie früher. Der

Mit dem Niedergang der Sowjetunion erklärte die Ukraine am 24. August 1991 ihre Unabhängigkeit

größte Teil der Ukraine hatte jetzt, wenn auch eine formale, aber doch eigene Verfassung, eine Hauptstadt und eigene Grenzen. Den nächsten Versuch, die Ukraine einig und frei zu machen, ist Stepan Bandera (und vielen anderen) zu verdanken, der als Nationalheld noch umstrittener ist als seine Vorgänger im Unabhängigkeitskampf. Er wurde im österreichischen Teil der Ukraine geboren, die später den Polen übergeben wurde. Es wundert also nicht, dass der junge Mann zu einem Nationalisten, anders gesagt: zum Freiheitskämpfer seines Landes wurde. Wie Che Guevara war er ein Partisan. Wie Nelson Mandela saß er im Gefängnis und wurde von Polen zum Tode verurteilt. Aber... als die Nazis kamen, rief Bandera einen unabhängigen ukrainischen Staat aus. Er hoffte, dass Hitler ihn dabei unterstützen würde, was natürlich sehr naiv war. Und einige ukrainische Rebellen wurden zu Hitlers Helfern. Ob Bandera persönlich an Verbrechen teilgenommen hat, ist nicht klar. Für Israel ist er auf jeden Fall ein Mörder. In der Schule habe ich gelernt, dass Bandera schlecht ist, doch nicht weil seine Anhänger an der Ermordung von Juden teilgenommen haben, sondern weil er ein Feind der Sowjetunion war, wofür ihn der KGB schließlich in München erschossen hat. Doch ist es für mich gewöhnungsbedürftig, dass der Moskowski-Prospekt in Kiew 2016 in Bandera-Prospekt umbenannt wurde.

Für die Menschen in der Westukraine ist es selbstverständlich, dass in jeder Stadt ein Bandera-Denkmal steht. Mit ihm haben ihre Väter und Großväter für die Ukraine gekämpft.

Ja, Bandera ist ein ukrainischer Nationalist, aber ein Faschist? War er ein Nazi-Kollaborateur während des Zweiten Weltkrieges? Wer war es nicht? Der Amerikaner Henry Ford? Coco Chanel? Frankreich? Italien? Japan? Österreich? Rumänien? Russland? Die Schweiz? Spanien? Viele wollten, dass mit Hitler ihre Träume wahr werden. Bandera erhoffte sich einen unabhängigen Staat Ukraine.

Erst mit dem Niedergang der Sowjetunion konnte die Ukraine am 24. August 1991 ihre Unabhängigkeit erklären. Unsere Geschichte hat gerade erst begonnen und ist schon voll von Dramen, Tragödien und Komödien, wenn man unseren Präsidenten zuhört oder unsere Parlamentsitzungen anschaut. In knapp 30 Jahren haben wir einige Revolutionen erlebt, ein Stück Land verloren und leider haben wir seit 2014 einen Krieg im Hause. Alle sind ein bisschen müde. Alle wollen, dass schon morgen ein normales Leben beginnt. Die Geschichte ist aber ein Marathon, keine Sprintdisziplin, besonders, wenn man etwas verändern will. Erinnern Sie sich an die Französische Republik? Fast 100 Jahre lang hatten die Franzosen Revolution, Termidor, Robespierre, Guillotine, Kaiser, Republik, Kaiser, Kommune, Republik ... Wir sollten uns wirklich nicht beklagen. Auch wir müssen weiter kämpfen. Vor allem mit uns selbst. Wir müssen Reformen durchführen und die Korruption stoppen. Langsam, aber sicher gehen wir Richtung Westen und kommen irgendwann in der Europäischen Union an, falls diese dann noch existiert. Aber keine Panik. Wir sind längst unter und mit euch.

Bevölkerung. Alle Welt in den ukrainischen Steppen

Woher und wie erste Menschen in der Ukraine aufgetaucht sind, ist eine ziemlich verwickelte Geschichte. Die meisten klugen Köpfe sind sich heute einig, dass alle Menschen auf der Erde, Ukrainer inklusive, ein bisschen Afrikaner und ein bisschen Verwandte sind. Die meisten Europäer sind zudem ein bisschen Neandertaler. Ihre Spuren findet man auch in der Ukraine. Bei allen Europäern sind Gene von Ur-Ukrainer vorhanden, die irgendwann in den Steppen nördlich des Schwarzen Meeres verweilten.

Mit jedem Jahrtausend wurde die Neandertaler & Cos. immer schöner und klüger, bis aus ihnen Germanen, Iberer, Kelten ... und Ost-Slawen und aus Letzteren auch Ukrainer wurden.

Knapp 78 Prozent der Menschen, die in der Ukraine leben, bezeichnen sich als Ukrainer. Die meisten sind sich darin einig, dass im Westen des Landes die „echten" Ukrainer leben. Dort hört man kaum Russisch. Es wird „reines" Ukrainisch gesprochen, das anders klingt als das Ukrainisch in Kiew. Die ebenfalls in der Westukraine lebenden Huzulen sind waschechte Bewohner der Ukraine. Sie leben in den Karpaten. Die Huzulen sind russinische Bergbewohner. Russinisch ist nicht Russisch, sondern Ruthenisch. Die Russinen oder Ruthenen sind ein kleines Volk, das auch in der Slowakei, Serbien, Kroatien, Ungarn und Polen lebt. Die Eltern von Andy Warhol, eigentlich Andrej Warhola, dem bedeutenden US-amerikanischen Pop Art-Künstler, waren Ruthenen. Also, zählen wir heute Warhol mit gutem Recht zu den berühmten Ukrainern. Aber die Ruthenen sagen, daß Warhol ein ruthenischer Künstler war! Und die Slowaken bezeichnen ihn als slowakischen, die Polen als polnischen Künstler! Kein Problem. Es reicht für alle. Nicht nur Andy Warhol war kreativ. Besuchen Sie einen Huzulen-Markt in Kossiw, Jaremtsche oder Rachiw. Sie werden staunen über die zahlreichen wunderbaren

Der Name Ukraine kommt wahrscheinlich von „kraj", was am Rande bedeutet oder weite Gegend

handgefertigten Dinge. Sie werden nicht einfach eine Tasse, einen Teppich oder ein Schneidebrett kaufen, sondern ein Kunstwerk aus Holz, Ton, Stoff, Schafwolle oder Fell. Die Musik der Huzulen hat dank der ukrainischen Sängerin und Komponistin Ruslana schon einmal den Eurovision Song Contest gewonnen. Das war 2004 in Istanbul, so dass der 50. Wettbewerb dann in der Ukraine ausgetragen wurde. Die ukrainischen Huzulen haben viele ihrer Bräuche bewahrt. Dabei haben ihnen früher die Berge geholfen, heute die Touristen, die in die Karpaten strömen, um die „ukrainischen Highlander" zu besuchen. Die Huzulen tragen im Alltag gerne ihre traditionelle Tracht oder wenigstens Teile davon. Jeans – ja, natürlich –, aber kombiniert mit bunt bestickter Lederweste und Hirtenhut mit Federn. Weihnachten oder Silvester bei den Huzulen – das ist für jeden Ukrainer ein „Muss man erlebt haben". Für Besucher, die Pferdewanderungen in den Bergen mögen, haben die Huzulen sogar ihre eigenen Pferde, die Huzulen. Diese Ponyrasse ist ein Multitalent. Es sind Reit- und Arbeitspferde, Kranken, vor allem Kindern, helfen sie in der Pferdetherapie.

Noch einmal sei hervorgehoben: 78 Prozent der ukrainischen Bürger geben als ihre Nationalität Ukrainisch an, 17 Prozent bezeichnen sich als Russen. In den restlichen fünf Prozent waren nach Angaben der offiziellen Volkszählung im Jahre 2001 über 100 Völker vereint, von denen die einen die Ukraine länger, die anderen kürzer als ihre Heimat bezeichnen.

Der Name Ukraine kommt wahrscheinlich von „kraj", was am Rande bedeutet. Aber das Wort kraj bedeutet auch weite Gegend. Tatsächlich lag unser Land an der fließenden Grenze zwischen den nomadischen und den sesshaften Völkern, zwischen Asien und Europa, zwischen Ost und West. Dutzende von Nomadenstämmen haben den Süden der heutigen Ukraine durchquert, und viele sind für immer geblieben. Zumindest ihre Nachkommen. Auf der Halbinsel Krim ist von den Goten, Skythen, Mongolen und Hunnen keine Spur mehr, dafür sind die Krimtataren wieder da. Vorfahren der Krimtataren waren vermutlich alle Völker, die jemals auf der Halbinsel verweilten, darunter die Zuwanderer aus Venedig und Genua. Die Krimtataren sind also Ureinwohner der Halbinsel. Um das zu verstehen, reicht es, die alten tatarischen Khanpaläste, die Höhlenklöster, Moscheen und Minarette anzusehen und die tatarischen Namen von Städten, Dörfern und Bergen wie Bachtschissarai, Suruk-Su, Mangup-Kale, Eski-Kermen oder Karassu-Basar zu hören. Die Tataren und die Krim gehören zusammen. Leider, wie die Indianer und Amerika. Noch vor 200 Jahren waren die Krimtataren Sklavenhändler und die Ukrainer Sklaven, die von ihnen in das Osmanische Reich verkauft wurden. Stalin hat die Krimtataren für ihre Kollaboration mit den Nazi-Deutschen während des Zweiten Weltkriegs bestraft und nach Zentralasien deportiert. Seit der Gorbatschowschen Perestroika und den 1990-er Jahren durften sie in ihre historische Heimat auf die Krim zurückkehren.

Die Krimtataren waren nicht die einzigen, die Stalin durch die riesige Sowjetunion jagte. Es lebten im Fernen Osten der Sowjetunion ethnische Koreaner. Als 1937 der Krieg mit Japan be-

Beliebter Treffpunkt in Kiew ist das Denkmal für die Stadtgründer Kij, Schtschek, Choriw

gann, wurden die Koreaner, die sich selbst als Korjo-Saram bezeichnen, aus dem Ferner Osten in die zentralasiatischen Republiken umgesiedelt. Das wurde „sicherheitshalber" gemacht, damit sie sich nicht verführen lassen, japanische Spione zu werden. Schließlich war Korea damals Teil des Japanischen Reiches. Nach dem Zweiten Weltkrieg durften sich die Koreaner wieder frei im Lande bewegen. 13 000 der rund 500 000 Korjo-Saram haben sich in Charkiw, Kiew, Dnipro und Saporoschje, vor allem aber in der Südukraine angesiedelt, wo sie sich gerne dem Anbau von Melonen, Wassermelonen und Zwiebeln gewidmet haben. Jetzt möchten die Südkoreaner ihre „Landsleute" unterstützen und wollen einige Ortschaften in den ukrainischen Steppengebieten bauen, wo „unsere" Koreaner leben und Landwirtschaft auf höchstem Niveau betreiben sollen. Sie werden besondere Seminare besuchen und erhalten danach von Südkorea Mikrokredite.

Haben Sie schon einmal von Konstantin Tschelpan gehört? Nein? Und vom T-34? Ja! Männer auf jeden Fall. Tschelpan war Chefkonstrukteur dieses berühmten sowjetischen Panzers, der in der ukrainischen Stadt Charkiw entwickelt wurde. Tschelpan war ukrainischer Grieche, der im Süden der Ukraine geboren wurde. Griechen leben seit Herodots Zeiten an der Nordküste des Schwarzen Meeres. Herodot kam und ging, viele Griechen sind geblieben. Diese suchten sich warme Plätzchen auch rund um das Asowsche Meer. Wenn der griechische Präsident die Ukraine besucht, macht er eine Stippvisite nach Mariupol, der „Hauptstadt" der ukrainischen Hellenen. Da gibt es eine Griechische Bank, ein Griechisches Kulturzentrum, ein griechisches Generalkonsulat und viele griechische Restaurants.

Heute befindet sich die Ukraine nicht am Rande, sondern mitten drin. Unsere Nachbarn sind Russen, Belarussen, Moldavier, Rumänen, Polen, Ungarn, Slowaken und über das Schwarze Meer Türken. Alle diese Völker leben auch in der Ukraine.

In den Transkarpaten an der ukrainisch-ungarischen Grenze gibt es ein Städtchen, das so viele Namen hat, wie hier Völker leben. In Wikipedia sind alle Namen fleißig aufgezählt: ukrainisch Berehowe, russisch Beregowo, tschechisch und slowakisch Berehovo, ungarisch Beregszaz, deutsch Bergsa und russinisch Berehowo. Berehowe ist eigentlich eine ungarische Stadt, die Stalin nach dem Zweiten Weltkrieg mit der Ukraine vereint hat. 48 Prozent der Bewohner sind Ungarn, 38 Prozent Ukrainer. Alle Straßenschilder sind auf Ukrainisch und Ungarisch. Das Steinpflaster in der Altstadt hat noch der österreichische Kaiser Franz-Joseph verlegen lassen.

Etwas ganz besonderes ist die Stadt Odessa. Odessa ist eine junge und große Hafenstadt. Sie wurde auf Erlass von Zarin Katharina II. zwischen einer tatarischen Siedlung und einer türkischen Festung angelegt. Gebaut wurde sie von einem Italiener, General De Ribas. Zwar hatte der keine Ahnung vom Städtebau, aber er hatte ein gutes Team zusammengestellt. Der erste Gouverneur der Stadt war der Franzose Duc de Richelieu, der vor der Französischen Revolution geflohen war. Die Einwohner der Stadt sind Bulgaren, Rumänen, Makedonier, Türken, Juden, Rus-

Odessa ist eine junge und große Hafenstadt. Sie wurde auf Erlass von Zarin Katharina II. zwischen einer tatarischen Siedlung und einer türkischen Festung angelegt

sen, Ukrainer, Griechen, Armenier und andere mehr. Daher heißt ein schöner Platz im Zentrum Griechischer Platz, ein Boulevard Französischer Boulevard, die Hauptstraße Deribas-Straße und an der Promenade steht ein bronzener Duc de Richelieu.

Vor 1 000 Jahren gab es sogar einen jüdischen Staat an der Schwarzmeerküste und auf der Krim. Dort lebten die Chasaren (Hasaren), eigentlich ein Turkvolk, das den Judaismus angenommen hatte. Die Chasaren überfielen regelmäßig das Kiewer Reich und versuchten, die Kiewer zum Judentum zu bekehren, was ihnen aber nicht gelang. Ins Chasaren-Reich strömten die in Persien und in Byzanz verfolgten Juden. Als die Stadt Genua im 13. Jahrhundert ihre Kolonien auf der Halbinsel gründete, nannten die Italiener diese Gegend immer noch Chasaria. In dieser Zeit entstand auf der Krim noch eine weitere jüdische Gemeinde – die Karaimer. Erstmals fanden die Karaimer im 14. Jahrhundert schriftliche Erwähnung, sie sprachen eine Sprache aus der Kiptschaken-Sprachgruppe, erkannten den Talmud nicht an,

sondern betrachteten nur das Tanach mit für das Judentum normativen Bibeltexten als Heiliges Buch.
Im Russischen Reich durften Juden nur in bestimmten Regionen leben, vor allem in bestimmten Regionen der Ukraine. Dies hatte Zarin Katharina II. in einem Gesetz verankert. Man nannte diese Gebiete „Gebiete der ständigen Ansiedlung von Juden". Nur in solchen Gebieten hatten sie Bürgerrechte und durften Geschäfte machen. So sind große Städte entstanden, die zu Zentren der jüdischen Kultur wurden: Berdytschiw, einst das „Jerusalem Wolhyniens", Schytomyr, deren Rabbiner heute Oberhaupt aller Juden der Westukraine ist, und Tschernowitz. Tschernowitz ist nicht ausschließlich jüdisch, hier essen die Ukrainer gern rumänische Mamalyga (Brei aus Maismehl) und besuchen deutsche Schulen. Hier lebte Josef Burg, der einzige Dichter Europas, der seine Gedichte auf Jiddisch schrieb. Er starb 2009.
Ich wusste immer, dass Deutsche in Deutschland und in Sibirien leben, wo irgendwo im Altai-Gebirge auch meine Großmutter lebte. Von dort sind es 4 000 Kilometer bis Kiew, 6 000 Kilometer bis Frankfurt und 400 Kilometer zur chinesischen Grenze. Die Großmutter hat mir erzählt, dass es dort neben dem ukrainischen Dorf auch ein deutsches Dorf gab. Ende der 1980-er Jahren besuchte ich meine Großmutter. Zurück fuhr ich mit dem Zug. Meine Nachbarn im Abteil waren eine alte Dame mit ihren zwei erwachsenen Enkelkindern. Die Frau war traurig. Sie waren Deutschstämmige und fuhren nach Deutschland, in das Land ihrer Vorfahren. Die Enkelkinder waren froh darüber. Aber sie wollte eigentlich nicht nach Deutschland. Ihre Heimat war Neu-Kassel, ein Dorf im Süden der Ukraine. Ihre Familie hatte dort ein großes Haus mit Garten. Sie möchte lieber in die Ukraine zurück. Bereits vor dem Ersten Weltkrieg war die Ukraine für mehrere Hunderttausend Deutsche das Vaterland. Als Katharina II. die Osmanen aus der Südukraine verdrängte und die Tataren keine Raubzüge mehr machten, stand dort das Problem der Besiedelung vor der Tür. Die Gebiete waren menschenleer. Wer soll-

Der erste Gouverneur des multinationalen Odessas war der Franzose Duc de Richelieu, der vor der Französischen Revolution geflohen war

te dort leben? Da die eigenen Bauern alle Leibeigene waren, durften Ausländer kommen. Sogar Juden waren willkommen, die sonst keine Aufenthaltsgenehmigung bekommen konnten. Es meldeten sich auch Serben, Bulgaren und Griechen.

Eine „Greencard" erhielten vor allem Deutsche. Die sind fleißig, tüchtig, diszipliniert und können Vorbild für den russischen und ukrainischen Bauern sein, dachte die Zarin. Zugezogen sind zunächst junge und gesunde Bauern und Handwerker, die eine Frau, Kinder und etwas Geld und Vieh hatten. Dann folgten Geschäftsleute, Händler, Wissenschaftler, Beamte, Lehrer und Offiziere. Es waren Katholiken, Lutheraner und Mennoniten aus Nord- und Südwestdeutschland, dem Elsass, Württemberg, Hessen und Baden. Jeder durfte seine Religion ausüben. Die Einwanderer ließen sich in der Umgebung von Dnipro, Saporoschje, Cherson, Odessa und auf der Krim nieder. Es entstanden deutsche Kolonien mit Namen wie Großliebental, Hoffnungstal, München, Landau oder Alt-Danzig. Sie verfügten über eine Selbstverwaltung, die Amtssprache war Deutsch. Der Süden und die Schwarzmeerküste der Ukraine wurden für die Deutschen zum

gelobten Land. Das milde Klima erlaubte ausgezeichnete Weizen-, Obst- und Gemüseernten. Vieh konnte man ganzjährig auf den Weiden halten. Die Söhne, die in Deutschland kein Erbe zu erwarten hatten, bekamen genug fruchtbares Land. Alle konnten sicher sein, dass sie nicht als Soldaten verkauft werden. Diese Idylle hat Stalin zerstört. Die ukrainischen Deutschen wurden zu Einwohnern Sibiriens und später zu Russland-Deutschen.
Wie leben alle diese Völker miteinander? Glücklich. Als die Separatisten Unruhe im Osten der Ukraine stifteten, wurde ich von Europäern gefragt, ob sich die Bürger aus den verschiedenen Regionen des Landes, aus West, Nord, Süd und Ost überhaupt kennen? Die Ukraine ist groß, und die Menschen sind arm, also, reisen sie nicht so viel. Wenn die westlichen Karpatenbewohner kaum in den östlichen Donbass reisen und umgekehrt, wie können sie sich dann kennenlernen? Was wissen sie voneinander? Gute Frage. Aber wissen die Münchener, wer da oben in Mecklenburg-Vorpommern lebt – und wie es sich dort lebt? Schon der Name Pommern ist slawisch, und was haben sie mit den Bajuwaren gemeinsam? Was denken die Bremer über die Saarländer? Ist das Leben an der berühmten Côte d'Azur das gleiche wie in Nord-Pas-de-Calais (seit der Zusammenlegung mit der Picardie 2016 Hauts-de-France), der Heimat der Sch'tis, diejenigen, die Ch'ti, den Dialekt der Picardie, sprechen? Die Menschen aus verschiedenen Teilen der Ukraine sind in der Tat Verwandte und Freunde. Vor einem Jahr war ich bei einer Hochzeit. Da reisten Verwandte aus Kiew, Odessa, Uschgorod, Tschernowitz und Donezk an, um nur die bekannten Städte zu nennen. Die Ukrainer sind eine normale Familie mit ihren Lieblingen, „schwarzen Schafen", „Elefanten im Raum" und „Skeletten im Schrank".
Wenn ich auch nie in Poltawa war, fühle ich mit dem Ort und den Menschen dort tief verbunden. Nach dem Studienabschluss in Moskau kam meine Mutter nach Poltawa, um in einer Textilfabrik zu arbeiten. Mein Vater, ein Offizier, wurde zu einer Luft-

Heute leben im Lande schätzungsweise nur noch 42 Millionen Menschen

waffengarnison nach Poltawa versetzt. Meine Eltern haben sich in Poltawa kennengelernt. Sie haben dort geheiratet und wahrscheinlich bin ich dort „entstanden". In Gebiet Poltawa im Dorf Welyki Sorotschynzi wurde der ukrainische Schriftsteller Nikolai Gogol geboren. Myrhorod, ein Kurort, ist vor allem bei Diabetikern beliebt, doch Myrhorod-Quellwasser ist wohl durch jeden Ukrainer schon einmal geflossen. Ich finde, es schmeckt besonders gut.

Flüchtlinge, Einwanderer und Ausländer sind immer eine Chance. Ich kenne ein Krankenhaus in einer kleinen Stadt in Deutschland, das dank von Flüchtlingen gerettet wurden. Dort arbeiten zehn Ärzte, alle aus Syrien geflohen, Krankenschwestern aus Osteuropa, Pfleger aus aller Welt, und alle deutsche Patienten sind glücklich. Es ist wahrscheinlich nicht das einzige Krankenhaus mit internationalem Team.

Neulich wurde die Ukraine wieder wie in alten Zeiten zu einem Quer-Durch-Land. Auf dem Weg von Ost nach West queren die Ukraine Menschen aus Indien, Pakistan und Bangladesch. Viele Afrikaner dagegen möchten in der Ukraine bleiben. Der Schwarze

Kontinent ist bei uns durch Neuankömmlinge aus praktisch allen Ländern vertreten. Geld vom ukrainischen Staat bekommen sie kaum. Hakuna Matata! Die neuen Ukrainer machen jede Arbeit. Sie sind fleißig, keine Trinker, keine Raucher. Ukrainische Sprache? Hakuna Matata! Afrikaner sind klug und smart. Junge Männer studieren an den ukrainischen Unis und heiraten ukrainische Frauen. Sie sprechen fließend Ukrainisch und essen gerne Salo und Borschtsch. Integration pur.

Die Bevölkerung der Ukraine schmilzt wie die schweizerischen Gletscher. 1993 erreichte die Bevölkerungszahl in der Ukraine mit 52 Millionen ihren höchsten Wert. Heute leben im Lande schätzungsweise nur 42 Millionen Menschen. Man befürchtet, dass schon in zehn Jahren die Arbeitskräfte knapp werden. Vor 20 Jahren sind fast alle ukrainischen Juden nach Israel, in die USA und nach Deutschland ausgewandert. Danach gingen vor allem viele Frauen, aber auch Männer fort. Die eine Hälfte bevölkert die Arbeitsmärkte in Russland, Polen und Tschechien, die andere hat die Sonne Italiens, Spaniens, Portugals und Griechenlands gewählt. In der Krise wurde das Leben für die Einheimischen in diesen Ländern, besonders für die Griechen, unerträglich. Aber die Ukrainer sind geblieben und haben die Südeuropäer nicht im Stich gelassen. Auch die Ukraine ist ihnen dafür dankbar. Die verlorenen Söhne und Töchter schicken jedes Jahr einige Milliarden Euro und Dollar zu ihren Familien in der Heimat. Zudem verbessern sie die Arbeitslosenstatistik.

In der Ukraine sinken leider die Geburtenzahlen. Eine Ukraineerin gebärt 1,53 Kinder. Im Vergleich mit anderen Ländern in Europa ist das nicht schlecht. Fast soviele Kinder (1,57) gebärt eine Frau in Deutschland, in Spanien sind es noch weniger (1,34 Kinder). Dort lebt man aber rund zehn Jahre länger als Menschen in der Ukraine. Der europäische Durchschnitt liegt bei 1,6 Kind pro Frau. Ein Babyboom wäre schön für alle.

НОТАРИУС

Ukrainisch, männlich und weiblich

Die Unterschiede zwischen Mann und Frau verfließen heute in der Ukraine. Doch haben Männer nach wie vor das Ruder in der Hand. Männer leiten und führen gern, den Frauen überlassen sie die Bereiche Kinder, Gesundheit, Kultur und Natur. Das ist eigentlich schade. Nur wenige Männer können eine so erfolgreiche Regierungszeit vorweisen wie etwa Königin Elisabeth I. (von England), Zarin Katharina II. (von Russland) oder Kaiserin Maria-Theresia (von Österreich).

In der kurzen Zeit der Unabhängigkeit der Ukraine stand bereits eine Frau an der Spitze der Macht. Nicht ganz oben, aber ganz nah zur Macht, und sehr einflussreich war sie. Julia Timoschenko – „Lady Ju", eine kleine, zierliche Frau – war Kabinettsmitglied, Vorsitzende der Partei „Batkiwschtschina" („Vaterland"), die sie immer noch ist, Leiterin des Haushaltsausschusses und Premierministerin. Sie spielte eine führende Rolle im Gas- und Strommarkt, nicht von ungefähr wurde sie Gasprinzessin genannt. Das Leben von Politikern in der Ukraine ist hart und wechselhaft. Timoschenko, die reichste Frau der Ukraine, wurde aus dem Parlament direkt in Untersuchungshaft geschickt. Auch dort blieb sie rastlos. Sie verlangte sofort Gummihandschuhe und begann – so wie sie war und in Kleidung des Modeschöpfers Valentino –, ihre Zelle gründlich zu putzen. Einige Männer hatten so große Angst vor ihr, dass sie Timoschenko für sieben Jahre hinter Gitter sperrten. Vergeblich. Sie ist wieder frei und sitzt erneut fest im Sattel.

Russland ist bekanntlich ein Macho-Land. Ganz oben finden Sie nur sehr wenige Frauen. Aber eine in der Ukraine geborene Frau – Valentina Matwijenko – bekleidet eines der höchsten Staatsämter. Sie war Gouverneurin von Sankt-Petersburg. Heute ist sie Vorsitzende des Föderationsrates – des Oberhauses der Föderalen Versammlung der Russischen Föderation –, und hat damit das dritthöchste Staatsamt inne, und sie ist Mitglied des Sicherheitsrates des Landes.

In der kurzen Zeit der Unabhängigkeit der Ukraine stand bereits eine Frau an der Spitze der Macht. Nicht ganz oben, aber ganz nah zur Macht, und sehr einflussreich war sie – Julia Timoschenko

Die Ukrainerinnen haben ihren Charakter offenbar von den Amazonen geerbt, die laut Strabon und Herodot im Süden der heutigen Ukraine lebten. Aus der Liebe zwischen den Amazonen und den Skythen entstand das Volk der Sarmaten. Das Wort Sarmat bedeutet „unter Frauen". Frauen spielten bei den Sarmaten eine zentrale Rolle im gesellschaftlichen und religiösen Leben. Sie regierten ihr Volk und kämpften mit dessen Feinden – buchstäblich, denn die Amazonen konnten mit Waffen umgehen und waren exzellente Reiterinnen.

Auch die heutigen Ukrainerinnen sind selbständig, selbstbewusst und fleißig. Viele ernähren ihre Familien, indem sie in Europa alte Menschen pflegen oder Oliven pflücken. Junge Ukrainerinnen haben die feministische Gruppe Femen gegründet. Sie ist auch in Hamburg, Rom, London, Paris und Istanbul bekannt. In all diesen Städten protestierten sie oben ohne gegen jede Form von Sexismus.

Es gibt einen Witz über eine Ukrainerin und einen Moslem, die geheiratet haben. Der frischgebackene Ehemann erklärt seiner jungen Frau: „Weißt du, Liebling, du musst immer schauen, an welcher Kopfseite mein Turban sitzt. Sitzt er links, habe ich gute Laune, sitzt er rechts, bin ich böse. Dann musst du besonders gehorsam und lieb zu mir sein." „Und du, mein Schatz, solltest auch etwas wissen", antwortete seine Frau, „wenn ich die Hände in die Hüften stemme, dann ist es mir völlig egal, auf welcher Seite dein Turban sitzt."

Es gibt ein berühmtes Beispiel des glücklichen Zusammenlebens eines Moslems und einer Ukrainerin. Roxelane wurde sie genannt und war die Frau des osmanischen Sultans Suleiman I. Geboren wurde sie 1505 als Nastja (Anastasia) Lissowskaja in der Westukraine. Als sie 15 Jahre alt war, wurde ihr Heimatdorf von den Krimtataren überfallen. Nastja wurde gefangen genommen, auf den Sklavenmarkt gebracht und in die Türkei verkauft. Zunächst schickte man sie aber in eine Schule, wo man sie im Malen, Tanzen und Singen sowie in einem Grundkurs der süßen Liebe unterwies. Danach wurde Nastja in den Harem des osmanischen Sultans gebracht. Im Harem nannte man sie Hürrem, die Lachende, denn sie war von Natur aus fröhlich und freundlich.

Nun war ihr Gebieter Sultan Suleiman I. der Prächtige, der unter anderem im Jahre 1529 Wien belagerte. In der Tat war der „Schrecken des Westens" ein gut aussehender, melancholischer junger Mann. Er liebte die Philosophie und schrieb Gedichte. Warum der Sultan unter Hunderten Frauen Hürrem erwählte, darüber kann man nur Vermutungen anstellen. Mit kleinen Brüsten und unauffälligen Gesichtszügen war sie keine Schönheit. Dafür sprach sie Ukrainisch, Polnisch, Deutsch und Latein. Und

Roxelane war die Frau des osmanischen Sultans Suleiman I., der Prächtige, der unter anderem im Jahre 1529 Wien belagerte. Geboren wurde Roxelane 1505 als Nastja (Anastasia) Lissowskaja in der Westukraine

im Harem lernte Roxelane schnell Türkisch und Persisch sowie die Sprache des Koran. Die Heilige Schrift der Moslems konnte sie teilweise auswendig. Sie war klug und gebildet, konnte sich mit Suleiman über wichtige Fragen unterhalten. Dabei vergaß sie nie die Redewendungen, die im Umgang mit einem Mann immer empfehlenswert sind: „Du bist Herr meines Lebens", „Deine Worte sind der Balsam meiner Seele" oder „Du bist der Weise unter den Weisesten". Als Frau kann man einem Mann das nicht oft genug sagen. Wahrscheinlich aus diesem Grunde lebte der Sultan mit Hürrem über 40 Jahre (faktisch) in Monogamie! Denn direkt nach dem Tod seiner Mutter heiratete er sie, sie wurde zur gesetzlichen Frau erhoben. Die Ukrainerin genoss Freiheiten, die in der moslemischen Welt kaum vorstellbar waren und auch heute kaum vorstellbar sind. Sie stand am Thron des Sultans während der Hofzeremonien. Sie hatte das Recht, in ihren Gemächern Dichter, Architekten und Geistliche zu empfangen, ohne ihr Gesicht zu verschleiern. Kein geringerer als Tizian malte ihr Porträt. Ihre Bildnisse sind heute in berühmten Museen in Ungarn, Italien, Istanbul und Lwiw zu sehen. In Istanbul ließ Roxelane Moscheen, Bade- und Krankenhäuser, Waisenheime und Warmküchen für Obdachlose bauen. Sie starb vor ihrem Mann und wurde in Istanbul auf dem Friedhof hinter der Süleiman-Moschee begraben. Der Sultan kam jeden Tag zu ihrem Grab, fünf Jahre lang, bis zu seinem Tod. Noch heute liegt dort der Schal, den der Sultan seiner Frau schenkte. Der Istanbuler Stadtteil Heseki (das bedeutet eigentlich Hauptfrau) ist nach Roxelane benannt.

Etwa 500 Jahre vor Roxelane haben zwei Frauen aus Kiew nach Europa geheiratet. Anna, die Tochter des Kiewer Großfürsten Jaroslaw des Weisen, heiratete 1051 König Heinrich I. von Frankreich. Obwohl es – wie damals üblich – eine arrangierte Ehe war, verliebte sich der Franzose in Anna, die schön und gebildet war. Am Tag der Hochzeit wurde Anna zur Königin gesalbt. Nach dem Tod ihres Mannes übernahm sie zusammen mit dem flandrischen Grafen Balduin V. die Regentschaft für ihren noch unmündigen Sohn Philip I. Die noch junge Anna verliebte sich in Rudolf III., Graf von Valois, und heiratete ihn. Das war ganz schön keck, denn der Graf hatte seine Frau Eleonore des Ehebruchs bezichtigt und verstoßen, um die schöne Witwe ehelichen zu können. Weder die Intervention von Papst Alexander II., noch die Ungültigkeitserklärung der Ehe, selbst die Exkommunizierung Rudolfs konnten ihre Liebe beenden. Rudolf und Anna lebten zusammen, bis der Tod sie trennte. In der Sophienkathedrale in Kiew ist Anna als kleines Mädchen auf einem Fresko mit ihrem Vater und ihren Schwestern zu sehen.

Eine andere Ukrainerin hat in Deutschland geheiratet. Eupraxia, die Tochter von Großfürst Wsewolod von Kiew, kam als junges Mädchen nach Deutschland und wurde dort mit Heinrich III., Graf von Stade und Markgraf der Nordmark verheiratet. Sie war jung, schön und reich. Der Markgraf war viel älter als sie und starb bald nach der Hochzeit. Die einsame Eupraxia besuchte oft ihre alte Bekannte, die Äbtissin des Klosters in Quedlinburg war. Dort lernte die 20-jährige Witwe den Bruder der Äbtissin,

Eupraxia, die Tochter von Großfürst Wsewolod von Kiew, kam als junges Mädchen nach Deutschland. Als 20-jährige Witwe lernte sie Kaiser Heinrich IV. kennen. Der mächtige Mann verliebte sich in sie und heiratete sie 1089 im Kölner Dom. Bei der Krönung erhielt Eupraxia den deutschen Namen Adelheid

Kaiser Heinrich IV., kennen. Der mächtige Mann verliebte sich in sie und heiratete sie 1089 im Kölner Dom. Bei der Krönung erhielt Eupraxia den deutschen Namen Adelheid. Heute wäre Heinrich IV. wahrscheinlich ein Liebling der Medien. Sein ganzes Leben war ein einziger Skandal. Hatte er nicht gerade Streit mit dem Papst, dann sorgte eine Affäre im Privatleben für öffentliches Aufsehen. Heinrich war wegen seines heftigen Temperaments, seines ausschweifenden Lebensstils und grausamen Charakters bekannt. Seine junge Frau soll er gezwungen haben, an zügellosen Orgien teilzunehmen. Adelheid wollte die Scheidung und erschien im Jahre 1095 persönlich auf der Synode von Piacenza. Bei dieser Schau erstes Ranges waren die Bischöfe von Deutschland, Frankreich und Italien, 4 000 Geistliche sowie 30 000 Schaulustige versammelt. Heinrich wurde als schuldig befunden und gegen ihn wurde erneut der Kirchenbann verhängt.

Was lehren uns diese Geschichten? Ukrainerinnen sind gleichermaßen schön, gebildet, verantwortungsbewusst, selbstständig, brav und leidenschaftlich.

In unserer Zeit haben Ukrainerinnen andere Probleme mit Männern in Europa. Wenn eine Frau einen Mann über eine Zeitungsannonce kennenlernen will, wird sie sich wundern. Deutschland scheint ein Märchenland zu sein. In gut der Hälfte der Anzeigen kommen Schmusebären, Naschkater, Fische, Löwen und junge Prinzen vor, die mit der Frau tanzen, reisen und Fahrrad fahren möchten. Falls ein Mann doch so mutig ist, dass er einer Frau seine Schulter zum Anlehnen anbietet, dann aber am liebsten in getrennten Wohnungen. Beim ersten Treffen in einem Café kann ein Problem auftauchen, die Ukrainerinnen sind nicht emanzipiert. Eine gute Definition der Emanzipation von Eva Heller gibt es im Lexikon der schönsten Sprichwörter und Zitate: „Emanzipation ist, wenn ich alles bezahle, und wir unverheiratet zusammenleben." Man sagt, wenn eine deutsche Frau ein Bier trinkt, das der Mann bezahlt, ist es unbedenklich. Wenn sie ein Würstchen isst, dann fühlt sie sich ihm sozusagen „ersatzpflichtig". Für Ukrainerinnen ist es selbstverständlich, dass der Mann bezahlt. Warum auch nicht? Laut Statistischem Bundesamt verdienen auch in Deutschland die Männer für dieselbe Arbeit und bei gleicher Qualifikation mindestens 20, oft sogar 30 Prozent mehr als Frauen. Mit bloßem Auge ist zu sehen, daß Männer durchschnittlich größer und theoretisch stärker als Frauen sind. Wenn eine Ukrainerin und ein Westeuropäer zusammenleben, regt die Frau den Mann vor allem beim Duschen auf. Dann läuft er vor der Badezimmertür hin und her und ruft: „Liebling! Schneller, schneller! Was machst du? Das Wasser fließt schon vier Minuten! Sei sparsam."

Frauen wollen Gleichberechtigung, sie fordern gleiche Bezahlung, gleiche Karrierechancen, Arbeitsplätze. Tatsache aber ist, dass die wahre Emanzipation in der Küche beginnt. Männer haben das schnell begriffen. Wenn Frauen unbedingt arbeiten, regieren und leiten wollen, bitte, dachten sie. Aber ihr Hauptprivileg wollen sie nicht verlieren. Die Küche war, ist und wird immer das Reich der Frau sein. Ganz herzlos sind die Männer jedoch

Frauen wollen Gleichberechtigung, sie fordern gleiche Bezahlung, gleiche Karrierechancen, Arbeitsplätze. Tatsache aber ist, dass die wahre Emanzipation in der Küche beginnt

nicht. Viele von ihnen sind einverstanden, ihren Frauen im Haushalt zu helfen. Aber es ist doch irgendwie ungemütlich, wenn die Frau allein vor dem Fernseher sitzt, und der Mann den Esstisch abräumt. Dann plagt und nagt sie ein Gewissenswurm. Oder? Aus der Sowjetzeit hat man in der Ukraine einen schönen Feiertag übernommen, an dem jede Frau zu einer VIP, ja, zu einer Königin wird. Es ist der 8. März, der Internationale Frauentag. Der hat bei uns wenig mit Politik zu tun. Im Westen scheut man sich, den Tag zu feiern. Aber eigentlich sollte der Handel den Tag schon längst entdeckt haben. So ein Internationaler

Frauentag ist viel gewinnbringender als der Muttertag. Denn am 8. März werden alle Personen weiblichen Geschlechts unabhängig ihres Alters, Berufs und Verwandtschaftsgrads mit Blumen und kleinen Geschenken beglückt. Und fast alle mehrmals: in der Familie, bei der Arbeit, von ihren Ehemännern wie von ihren Geliebten. Am Feiertag geschehen Wunder: Die Küche gehört den Männern. Sie ziehen die Schürze an, kochen, backen, servieren, spülen und schauen ungeduldig auf die Uhr. Die übrigen 364 Tage unterscheiden sich ukrainische Männer kaum von denen in der ganzen Welt. Sie lieben alles, was mit dem Wort Auto beginnt: Autonomie, Autokratie, Autorität, Automobil, Autobahn, Auto ... Männer stellen sich gerne als Helden, Ritter, römische Legionäre, Jäger und – in der Ukraine – als Kosaken vor. Im Sommer finden in der Ukraine alljährlich die Kosaken-Reiterspiele statt. Während dieser Vorführungen werden beeindruckende Reiterkünste dargeboten. Die Kosaken treten in einem malerischen Outfit auf, oft oben ohne, so dass man ihre muskulösen gebräunten Körper sehen kann.
2002 kam ein Mann auf eine glückliche Idee, eine neuartige Variante des Kosakentums zu schaffen. Ein Anatoli Schewtschenko gründete die gesellschaftliche Organisation „Ukrainische Registerkosaken" (URK). Schewtschenko ist Wissenschaftler, Rektor der Staatlichen Universität für künstliche Intelligenz und Unternehmer, der auch in Westeuropa gute Geschäfte macht. Als Hetman ukrainischer Kosaken suchte der ehemalige KGB-Offizier neue Aufgaben. Und wer sucht, der findet. Im Schwarzen Meer liegt die Felseninsel Smeinij (Schlangeninsel), die Jachturlauber gerne besuchen. Fast alle antiken Historiker und Geografen erwähnen die Insel in ihren Werken. Nach einer Legende fand hier die Seele des Trojanischen Helden Achilles seine letzte Ruhestätte. Im 19. Jahrhundert machte man dort Ausgrabungen und fand Reste antiker Tempel, viele Amphoren und beschriebene Tontafeln. Vor 100 Jahren lebten hier noch unzählige Vögel und Seehunde. Die modernen Kosaken wollen auf

Seit der Unabhängigkeit gibt es Initiativen, das Kosakentum in seinen verschiedenen Formen wiedererstehen zu lassen

der Insel eine wirtschaftlich-ökologisch-archäologisch-touristische Tätigkeit auf eigene Kosten betreiben. Es wird eine Forschungsstation und ein historisches Naturmuseum entstehen. Das ökologisch-natürliche Laboratorium wird unterstützt, und ein Männerkloster ist schon geplant. In der weiteren Perspektive wird ein Hotel für die Liebhaber von Extremtourismus entstehen.

Wer dachte, dass ukrainische Männer Kosaken nur spielen, um aus dem Haus zu kommen, irrte sich. Seit dem Kriegsbeginn 2014 in der Ostukraine haben sich viele Kosaken freiwillig zur Armee gemeldet.

Sehr beliebt bei Männern ist natürlich der Sport. Die Sportbegeisterung beeinflusst vieles im Leben: vom Polstermöbelkauf über die Politik bis zu Landeskunde. Männer haben aufgrund ihres Interesses für Sport mehr Geografiekenntnisse als Frauen. Für die meisten Frauen in Europa ist die Ukraine terra incognita. Die Männer dagegen kennen das Land seit langem ziemlich gut. Als ich nach Deutschland kam, musste ich in Gesprächen mit Frauen fast immer erklären, dass Kiew die Hauptstadt der Ukraine ist, dass die Ukraine ein Staat ist, dass sie nicht in Asien liegt. Schon der erste Mann hat mich unterbrochen: „Sie brauchen es mir nicht erzählen. Ich und Millionen Männer weltweit wissen genau, was und wo Kiew ist. Donezk kennen wir auch. Morgen spielen Deutsche gegen Dynamo Kiew und zwar in Donezk. Ich fliege heute dorthin." Das war 2012, als die Europameisterschaft in der Ukraine und Polen stattfand.

Das erste Spiel Deutschland gegen Spieler von Dynamo Kiew (DK) ist als „Todesspiel" bekannt. Es fand am 9. August 1942 in Kiew statt. Die Stadt war schon ein Jahr von deutschen Truppen besetzt. Die Generäle wollten die eigenen Soldaten bei Laune halten und den Ukrainern zeigen, dass die Deutschen allen Völkern auch im Sport überlegen sind. So wurde ein Fußballspiel organisiert. Die Gestapo hatte in der Stadt elf Fußballspieler, viele von Dynamo Kiew, aufgetrieben. Diese leisteten schwere körperliche Arbeit in verschieden Betrieben und waren aufgrund von Mangelernährung schwach. Ihre Gegner sollte die „Flakelf" sein, die Mannschaft der Luftabwehr. Die Kiewer siegten 5:3.

Ein Spiel Deutschland gegen die Ukraine hat sogar einen neuen Fußballbegriff hervorgebracht: den „Ukraine-Geist". Im November 2001 verhalf eine 4:1-Niederlage der Ukrainer im Dortmunder Westfalenstadion den Deutschen zur Teilnahme an der Fußballweltmeisterschaft in Japan und Korea mit.

Die Motivation und die Spielregeln im Sport haben sich verändert, aber Talente gibt es noch. Andrij Schewtschenko war der Superstar des ukrainischen Fußballs und nebenberuflich ein Top-Model bei seinem Freund Armani. Zunächst spielte Schewtschenko für den AC Mailand. Berlusconi hat dafür 25 Millio-

Wer dachte, dass ukrainische Männer Kosaken nur spielen, um aus dem Haus zu kommen, irrte sich. Seit dem Kriegsbeginn 2014 in der Ostukraine haben sich viele Kosaken freiwillig zur Armee gemeldet

nen Dollar bezahlt. Silvio fiel einmal auf die Knie und putzte mit einem schneeweißen Tuch die Schuhe des jungen Fußballstars. „Das goldene Bein!", erklärte der Italiener sein Schauspiel und reichte den Ukrainer für 46 Millionen Euro an den Russen Roman Abramowitsch, Eigentümer des Londoner Fußballklubs FC Chelsea, weiter.

Die Brüder Klitschko sind in Deutschland und der Ukraine gleichermaßen beliebt, wenn man auch in der Heimat mehr über ihre Misserfolge trauert. Als Wladimir Klitschko gegen Corrie Sanders seinen WBO-Weltmeistertitel verlor, weinten viele ukrainische Männer. Vitali, der ältere Bruder, ist Bürgermeister von

Kiew und führt den Hauptstadtbewohnern vor, wie man in Westeuropa lebt. Es gibt in der ukrainischen Hauptstadt nun Spuren für Busse und Fahrräder, und um die Bewohner zu überzeugen, fährt „Dr. Eisenfaust" mit dem Fahrrad zur Arbeit ins Rathaus. Allerdings wohnt er anders als die Mehrheit der Kiewer im Zentrum, damit in der Nähe seines Arbeitsplatzes.

Der Fernsehsender Discovery Channel hat Männer im Alter 25 bis 39 Jahre in 22 europäischen Ländern unter die Lupe genommen. Im Laufe der Studie wurden vier Männer-Typen festgestellt: „Modern und einen Schritt voraus", „Egozentrisch", „Verantwortungsvoll" und „Null-Verantwortung". Männer, die sich nur um ihren Job und ihre Freunde kümmern, also Egoisten sind, gibt es unter den Ukrainern lediglich 14 Prozent. 80 Prozent (der höchste Wert in Europa) der Männer in der Ukraine sind fest davon überzeugt, dass ein Mann ein Experte sein und Entscheidungen treffen können muss. 42 Prozent der jungen Ukrainer passen in die Spalte „Modern und einen Schritt voraus". Sie wollen Karriere machen, um ihre Familie gut ernähren zu können. Mehr als alle anderen Europäer möchten ukrainische Männer Kinder haben. Für ihren Nachwuchs wollen sie aber nicht nur finanziell gerade stehen, sondern auch seelisch und emotional mit ihren Kindern verbunden sein. Dabei kochen 82 Prozent der Männer freiwillig wenigstens einmal pro Woche. Auch andere Haushaltsarbeit machen sie gern. Zumindest sagen sie es.

Damit genug. Frau, Mann, Mann, Frau, Mann, Frau. Die Welt ist nicht so monoton. Die Natur liebt die Vielfalt. Auch in der Ukraine gibt es ein buntes sexuelles Leben. Obwohl es früher ein Tabuthema war, wussten die Ukrainer bereits früher, dass es nicht nur Männer und Frauen und Liebe nicht nur zwischen diesen gibt. Der Kunst sei es gedankt. Alle haben von der Dichterin Sappho, der Insel Lesbos und lesbischer Liebe gehört. Studenten schmückten die Wände in ihren Zimmern mit Postern von Gustav Courbets „Die Schläferinnen". In der Eremitage in Sankt-Petersburg liegt vor aller Augen ein nackter marmorner Her-

Der Fernsehsender Discovery Channel hat Männer im Alter von 25 bis 39 Jahren in 22 europäischen Ländern unter die Lupe genommen. Im Laufe der Studie wurden vier Männer-Typen festgestellt: „Modern und einen Schritt voraus", „Egozentrisch", „Verantwortungsvoll" und „Null-Verantwortung"

maphrodit, geboren im 3. Jahrhundert vor unserer Zeitrechnung. Heute wissen Ukrainer noch mehr. Es gibt bi-, hetero-, homo-, poly-, trans-, omni-, pan-... und andere Varianten. Die Ukraine war die erste ehemalige Sowjetrepublik, die 1991 das Gesetz über die Verfolgung homosexueller Handlungen außer Kraft gesetzt hat. Es soll nur freiwillig und ab 16. Jahr geschehen. Übri-

gens, in allen Zeiten und allen Ländern wurden mehr Schwule als Lesben verfolgt. Vielleicht, weil Gesetze immer von Männern geschrieben wurden und Richter mehrheitlich männlich waren? Wenn ein Mann sich zwei schöne nackte Frauen in einem Bett vorstellt, dann ist er gleich gedanklich mittendrin, statt nur dabei. Zwar sieht die ukrainische Gesetzgebung die Heirat nur zwischen Mann und Frau vor. Gleichgeschlechtlichkeit wird jedoch nicht als einer der Gründe genannt, aus denen eine Ehe nicht geschlossen werden kann. Ein Gesetz gegen die Propaganda von Homosexualität unter Minderjährigen wie in Rußland wurde in der Ukraine nicht verabschiedet, obwohl eine prorussische Partei die Verabschiedung mehrmals versucht hat. Das Gesetz soll die Familie und die Russen vor dem Aussterben schützen. Die Kirchenmänner brandmarken Homosexuelle als Sodomiten. Dabei sterben in Russland jährlich fast eine Million Menschen an den Folgen von Alkoholismus, Familien zerbrechen vor allem wegen Trunkenheit. Ein solches Gesetz ist im Grunde genommen vielleicht nicht schlecht. In Rußland ist jedoch das Hauptziel, die Westeuropäer an den Pranger zu stellen. Das ist das einzige, was in Europa „schlechter" ist als in Russland.
Sexuelle Minderheiten sind bei 80 Prozent der ukrainischen Dorfbewohner und der älteren Generationen nicht populär. Solche Werte werden in fast allen Ländern erhoben, was eigentlich gut ist. Jemand muss die alten sexuellen Traditionen bewahren. Diese Menschen sind nicht aufgeklärt. Wahrscheinlich werfen sie unbewusst und ohne nachzudenken LGBT in einen Topf mit Pädophilen und haben deshalb Angst vor harmlosen Queer. Dagegen haben 80 Prozent der Jugendlichen kein Problem mit feinen sexuellen Unterschieden. Seit Jahren gibt es die Gay Parade in Kiew, 2019 fand sie auch in Odessa und Charkiw statt. An der Pride Parade 2017 in Kiew nahmen 2 500 Menschen und 5 000 Polizisten teil. 2019 gingen 8 000 Anhänger der Regenbogenliebe in Begleitung von 2 000 Ordnungshütern auf die Straße. Die ukrainischen Bürger gewöhnen sich allmählich daran.

Ukrainische Sprache. Maler, Farbe, Fach und Dach

Sie denken, dass die Worte in der Überschrift deutsche Worte sind? Oder dass Pinsel und Perücke aus dem Französischen stammen? Dann irren Sie sich. Jeder Ukrainer wird Ihnen sagen, dass dies ukrainische Wörter sind. Und viele andere Worte wie Papier, Zucker, Porzellan, Schublade, Stempel nimmt niemand in der Ukraine als Fremdworte wahr. Die Deutschen denken wahrscheinlich auch nicht, dass ihre Gurke vom ukrainischen ogirok abgeleitet wurde oder vom polnischen ogurek, obwohl es ein griechisches Wort ist, das eigentlich aus Persien stammt. Aber lassen wir das Gemüse.

„Die ukrainische Sprache? Ist Ukrainisch nicht ein Dialekt des Russischen?" Mein Professor an einer deutschen Universität glaubte mir nicht. Er wollte im Lexikon nachschlagen. Damals gab es noch kein Wikipedia.

Nach der Zahl der Sprechenden ist Ukrainisch die zweitgrößte slawische Sprache. Heute wird Ukrainisch von etwa 45 Millionen Menschen in der Welt gesprochen, davon leben etwa 35 Millionen in der Ukraine und eine Million in den anderen Staaten der ehemaligen Sowjetunion. In Osteuropa wird Ukrainisch von kleineren Gruppen in Polen, der Slowakei und Rumänien gesprochen. In den USA leben eine Million und in Kanada etwa 700 000 Ukrainer, von letzteren nutzen 200 000 Menschen Ukrainisch als Muttersprache. Ukrainisch hört man in Argentinien, Brasilien und Australien.

Mit den Dialekten haben wir es viel leichter als die Deutschen, wo man von Mainz nach Wiesbaden schon mit einem Wörterbuch fahren muss. In der Ukraine gibt es nur drei „große" Dialekte – den nördlichen, den südwestlichen und den südöstlichen. Verständigungsprobleme entstehen dadurch allerdings nicht.

Wir nennen Ukrainisch die Sprache der Nachtigallen. Das ist kein Eigenlob. Der russische Schriftsteller Lew Tolstoi hat einmal ge-

Kyrill und Method übersetzten Evangelien, liturgische und pastorale Texte in eine slawische Sprache, die Kirchenslawisch genannt wurde. Kyrill schuf aus den griechischen Buchstaben das slawische Alphabet

sagt: „Ich liebe ... die einheimische ukrainische Sprache sehr. Sie ist sehr melodisch, bildhaft und mild in den Ohren." Manche behaupten, dass die ukrainische Sprache beinahe genauso melodisch ist wie die italienische.

Am engsten verwandt ist das Ukrainische nicht mit dem Russischen, sondern mit dem Belarussischen. Die Ukrainer teilen sich mit den Belarussen 84 Prozent des gesamten Wortschatzes, mit den Polen 70 Prozent und mit den Slowaken 68 Prozent, mit den Russen hingegen lediglich 62 Prozent. Zum Vergleich: Engländer und Niederländer haben 63 Prozent, Schweden und Norweger sogar 84 Prozent ihres Wortschatzes gemeinsam.

Bei der Anrede werden bei uns wahrscheinlich polnische Wörter verwendet – Pani, wenn eine Frau und Pan, wenn ein Mann angeredet wird. Etwa Pani Merkel und Pan Trump.

Ukrainer wie Bulgaren, Russen, Serben und Belarussen schreiben heute die modernisierte slawische oder kyrillische Schrift. Eine Schrift haben wir seit dem 9. Jahrhundert. In jener Zeit lebten und arbeiteten in Istanbul, damals Konstantinopel, Kyrill und Method, zwei Brüder aus Thessaloniki. Dann schickte der Kaiser die beiden Priester in den Süden der heutigen Ukraine. Sie sollten die dort lebenden Völker christianisieren. Kyrill schuf aus den griechischen Buchstaben das slawische Alphabet. Daher der Name – Kyrilliza. Griechen werden wahrscheinlich das auf Ukrainisch geschriebene Wort Pifagor – пифагор – lesen können. Zusammen übersetzten Kyrill und Method Evangelien, liturgische und pastorale Texte in eine slawische Sprache, die Kirchenslawisch genannt wurde. Für ihre Verdienste wurden Kyrill und Method zu orthodoxen Heiligen und Aposteln der Slawen erhoben.

Wir können den beiden Männern wirklich nicht genug danken. Sie haben ihre Arbeit perfekt gemacht. Im Ukrainischen ist alles einfach. Bei uns gibt es keine sadomasochistische Schreibweise wie etwa im Französischen oder Englischen. Ich vermute, dass die Amerikaner mit ihrem Unabhängigkeitskrieg angefangen haben, um sich vom britischen Englisch zu befreien. So haben es die Menschen in den Vereinigten Staaten seit 200 Jahren leicht im Leben. Ohne sich den Kopf zu zerbrechen, schreiben sie catalog statt catalogue, plow statt plough, und das britische through ist bei ihnen ein einfaches thru. Die Glücklichen! Die Deutschen reformieren ihre Sprache ständig, allein in den letzten zehn Jahren dreimal. Die beiden größten Probleme – die Länge und die Schreibweise – haben sie immer noch nicht gelöst. Wörter wie neunzehnhundertvierundachtzig oder Verkehrswegeplanungsbeschleunigungsgesetz oder Unternehmenssteuerfortentwicklungsgesetz versuche ich gar nicht erst zu lesen, ich gebe sofort auf. Sie sind wie Spaghetti, sie passen nicht in den Mund. Scusi, liebe Italiener. Es geht nur um die Länge, nicht um den Geschmack.

In Kiew entstand Anfang des 12. Jahrhundert im Widubizki-Kloster die älteste erhaltene ostslawische Chronik, die „Erzählung der vergangenen Jahre“, auch „Nestorchronik“ genannt

Das andere Hindernis ist die Großschreibung von Substantiven. Ich habe speziell nachgeforscht, warum die Deutschen den Menschen das antun. Und ich habe gelesen, dass daran „die Freude der Drucker des 17. Jahrhunderts an Variationen“ schuld ist! Per Hand geht es noch. Mit dem Computer leiden wir heute beim Schreiben auf Deutsch, seelisch wie körperlich, und niemand kümmert sich darum!
Auf Ukrainisch schreibt man, was man hört, und was man hört, das sieht man auch. Zum Beispiel der Name Chruschtschow. Ich weiß nicht, wie andere Völker mit diesen sieben Buchstaben umgehen und was für einen Laut sie daraus machen. Für diesen Laut schtsch haben wir einen Buchstaben щ, tsch ist bei uns ч, sch ist bei uns ш. Sehr praktisch und sparsam. Denken Sie nur, wie viel Zeit, Papier und Tinte plus Nebenkosten die Deutschen sparen könnten, wenn sie ihre Sprache wirklich gut reformieren würden. Man sagt, dass die Franzosen etwa 50 Milliarden Euro sparen könnten, wenn sie ihre Schreibweise ändern würden. Aber dann wären sie natürlich nicht mehr die Grande Nation.

In Kiew entstand Anfang des 12. Jahrhundert im Widubizki-Kloster die älteste erhaltene ostslawische Chronik, die „Erzählung der vergangenen Jahre", auch „Nestorchronik" genannt. Um 1185 wurde das „Igorlied" (eigentlich „Lied von der Heerfahrt Igors"), eines der berühmtesten Heldenepen, gedichtet. Das Werk wurde Anfang des 20. Jahrhunderts auch in Westeuropa populär. Rainer Maria Rilke übersetzte es in die deutsche Sprache. Der russische Komponist Alexander Borodin schrieb die Oper „Fürst Igor". Vielleicht haben Sie die berühmten Polowetzer Tänze aus dem 2. Akt dieses Werkes gehört.
Die ersten Bücher wurden in der Ukraine im 16. Jahrhundert gedruckt. In Lwiw, das damals unter polnischer Herrschaft stand, druckte 1572 der russische Einwanderer Iwan Fjodorow einige religiöse Bücher auf Kirchenslawisch.
Man fragt mich: „Wie kann man an einer Hochschule in der Ukraine auf Ukrainisch studieren? Es gibt keine ukrainische Wissenschaftssprache, nur die russische!" Die einzigen internationalen russischen wissenschaftlichen Begriffe, die ich kenne, sind Wodka, Troika, Perestroika. Alle anderen stammen vor allem aus dem Griechischen, Lateinischen und Englischen, nicht wahr?
Auch Hochschulen selbst entstanden zunächst in der Ukraine. Die Schul- und Hochschulausbildung standen bei den Ukrainern immer hoch im Kurs. Ende des 16. Jahrhunderts wurden ukrainische geistliche Kollegien und Schulen gegründet, die Kinder von Kosaken und aus dem Bürgertum besuchten. 1615 wurde eine dieser Schulen in Kiew etabliert, die zum Kiew-Mohyla-Kollegium und später zur Kiew-Mohyla-Akademie wurde. Sie trägt den Namen Petro Mohyla, ein Archimandrit des Kiewer Höhlenklosters und Politiker, der die Schulausbildung auf dem damaligen ukrainischen Territorium förderte und reformierte. Ihre Professoren und Gelehrten wurden zunächst an den Universitäten in Europa ausgebildet, später an der Akademie selbst. Der Status einer Akademie war ihr vom russischen Zaren Peter I. zuerkannt worden. Im 18. Jahrhundert konnte sich die Kiewer

Wichtig für die Entwicklung der modernen ukrainischen Schriftsprache war das Werk von Iwan Kotljarewsky „Enejida", das 1798 erschien. Er bearbeitete „Aeneis" von Vergil, indem er Aeneis und seine Begleiter zu Kosaken machte und ihre Abenteuer mit Humor beschrieb

Akademie mit westeuropäischen Schulen messen. In Kiew studierten Ukrainer, Russen, Belarussen, Rumänen, Serben, Bosnier, Bulgaren, Griechen und Italiener. Viele Absolventen wurden später berühmte Politiker, Künstler und Wissenschaftler. Absolventen der Kiewer-Mohyla-Akademie haben Hochschulen in Belarus und Russland sowie Seminare in Moskau, Sankt-Petersburg und in fast allen großen russischen Städten gegründet. Sie waren dort auch als Lehrer tätig.

Erst 1755 wurde die erste Hochschule in Russland, die Universität in Moskau, gegründet. Danach verlor die Kiewer Akademie ihre Bedeutung und wurde 1817 vom russischen Zaren Alexander I. geschlossen. Als wir 1992 unabhängig wurden, wurde die Nationale Universität Kiew-Mohyla-Akademie neu begründet. Das alte Gebäude der Akademie ist auf unserem 500-Griwna-Schein abgebildet.

Die ersten Bücher auf Altukrainisch wurden im 16. Jahrhundert geschrieben. Wichtig für die Entwicklung der modernen ukrainischen Schriftsprache war das Werk von Iwan Kotljarewsky

„Enejida", das 1798 erschien. Er bearbeitete „Aeneis" von Vergil, indem er Aeneis und seine Begleiter zu Kosaken machte und ihre Abenteuer mit Humor beschrieb. Diese Dichtung ist ein „Zwei-in-Eins-Buch": ein Lesevergnügen und zugleich eine Informationsquelle über die Sitten, Bräuche sowie das Leben in der damaligen Ukraine. Kotljarewsky schildert sehr genau, wie römische Göttinnen sich in ukrainische Trachten kleideten, woraus die Götter Horilka tranken, wie sie auf den Festen tanzten und welche Lieder auf den Hochzeiten und Beerdigungen gesungen wurden. „Enejida" ist immer noch populär und als Zeichentrickfilm sehr beliebt.

In jedem Land gibt es Menschen, die Gesellschaften zur Verteidigung ihrer Muttersprache gründen. Sie wollen ihre Sprache von Fremdwörtern säubern und fürchten Anglizismen. Unsere Sprachen wären aber ohne parfume, make up, pizza und sushi nicht schön und köstlich.

Was mich am meisten wundert ist, dass auch die Deutschen gegen das Englische sind. Schauen Sie einmal: Ich schwimme im Winter. I swim in winter. Im Grunde genommen spricht die ganze Welt die Sprache der Sachsen und Angeln, der Menschen aus Schleswig-Holstein. Gut, die alten Römer, die 300 Jahre unter den Franzosen und die Zeit haben ihre angelsächsische Sprache in Englisch verwandelt, aber die Wurzeln sind noch zu erkennen. Apropos, Wurzeln. Schauen Sie noch einmal genau hin: Das ukrainische Wort brat ist Bruder - brother - bhratr. Das letzte Wort ist auf Sanskrit. Wir wissen, dass wir die Sprache unserer indogermanischen mat - mater - mētēr – mother - Mutter – maty sprechen. Warum zittern wir vor fremden Sprachen?

Wer zwingt uns, fremde Worte zu benutzen? Nur unser Gehirn. Es ist sparsam. Zum Beispiel, man nutzt in der Ukraine das deutsche Wort Blitzkrieg (eigentlich blizkrig). Denn auf Ukrainisch wäre es „миттева війна", das heißt um vier Buchstaben und drei Zehntelsekunden länger. Aber niemand in der Welt wird „Es tut mir leid" sagen, sorry, liebe Deutsche.

Taras Schewtschenko trug viel zu Weiterentwicklung der ukrainischen Sprache und Literatur bei. Er wurde von Russen kritisiert, weil er seine Werke in „primitiver" und „bäuerlicher" ukrainischer Sprache verfasste

Die Franzosen sind auch hier ein Sonderfall. Sie haben per Gesetz „Computer" und „PC" verboten und „ordinateur" angeordnet. Dabei ist ihnen gut bekannt, dass der „personal computer" kein amerikanischer Spion, sondern ein Latiner ist.
Schlimm wird es, wenn eine Sprache im eigenen Land verboten wird. Die Sprache der Ukrainer hat mehrmals die Polonisierung und die Russifizierung überlebt, aber auch zwei Mal die Ukrainisierung genossen. Jede fremde Herrschaft in der Ukraine war anders. Die Habsburger blieben locker. Ihnen war es egal, welche Sprache die Ukrainer sprachen, lasen und schrieben. Lediglich beim Militär und für Beamte war Deutsch ein Muss. Die Österreicher wussten aus eigener Erfahrung, dass die Formel eine Sprache ein Land ein Volk nicht funktioniert. Polen und Russland dachten, dass es schon genug slawische Sprachen gibt und das Ukrainische überflüssig ist. Sie haben stets etwas unternommen, um Ukrainisch aus der Welt zu schaffen.
Liebe Russen, liebe Polen, es ist nichts Persönliches, nur bekannte Fakten. Hier sind einige Beispiele.

Bereits im Jahre 1720 hat Zar Peter I. angeordnet, dass alle Bücher in der Ukraine ausschließlich auf Russisch gedruckt werden müssen. Als 1721 in Kiew ein Buch auf Ukrainisch erschien, wurde der Herausgeber mit einer empfindlichen Geldstrafe belegt, die Bücher wurden beschlagnahmt, die Druckerei wurde nach Moskau verlegt. 1876 unterschrieb Zar Alexander II. den Emser Erlass. Der Zar machte gerade eine Kur in Bad Ems an der unteren Lahn, als er einen Bericht aus Kiew bekam. Es gab Unruhe. Die Ukrainer wollten wieder eine freie ukrainische Republik. Deshalb unterschrieb der Zar den Ukas, der unter anderem die Einfuhr von Literatur auf Ukrainisch in das Russische Reich verbot. Publikationen, öffentliche Lesungen und Theaterstücke auf Ukrainisch wurden untersagt. Auf Ukrainisch zu schreiben, war gefährlich. Taras Schewtschenko, unser Nationaldichter, trug viel zu Weiterentwicklung der ukrainischen Sprache und Literatur bei. Er wurde von den Russen kritisiert, weil er seine Werke in „primitiver" und „bäuerlicher" ukrainischer Sprache verfasste. Es wundert nicht, dass der Ukrainer Nikolai Gogol, der heute als einer der größten ukrainisch-russischen Schriftsteller gilt, für seine Werke die russische Sprache wählte. Sonst hätte er wohl kaum eine Chance auf Erfolg gehabt.
Nach der Oktoberrevolution rollte die sowjetische Regierung den Ukrainern den roten Teppich aus. Zum Teufel mit der Sprache, sprecht, wie ihr wollt. Hauptsache ihr baut mit uns den Kommunismus auf. Meine Mutter ging in Enakiewo im Oblast Donezk zur Schule. Ihre Schulzeugnisse aus den 1930-er Jahren sind komplett auf Ukrainisch, die aus den 1940-er Jahren sind bereits auf Russisch. Sie kann heute immer noch Gedichte von Taras Schewtschenko auswendig aufsagen.
Nach dem Krieg wurde die ukrainische Sprache vom Russischen zurückgedrängt. Lehrer, die auf Russisch unterrichteten, bezogen ein höheres Gehalt. Die Eltern konnten wählen, in welcher Sprache ihre Kinder lernen sollten. Viele Eltern haben richtig erkannt, dass man in der Sowjetunion Russisch lernen muss. Die

Der Ukrainer Nikolai Gogol, der heute als einer der größten ukrainisch-russischen Schriftsteller gilt, wählte für seine Werke die russische Sprache. Sonst hätte er wohl kaum eine Chance auf Erfolg gehabt

Zahl der Schulen mit russischer Unterrichtssprache wuchs stetig zu. Kinder, die in einer Schule mit der Unterrichtssprache Ukrainisch lernten, mussten nach dem Abschluss sowieso auf Russisch „umsteigen", denn in den meisten ukrainischen Hochschulen wurde ausschließlich auf Russisch gelehrt.

Wir sind unabhängig. Ukrainisch ist Staatssprache. In den Schulen und an den Universitäten müssen jetzt alle die ukrainische Sprache lernen, unterrichtet wird auf Ukrainisch. Etwa 300 000 Russischlehrer wurden arbeitslos. Die deutsche Bundesregierung hat schnell reagiert. Mit ihrer Hilfe wurden viele der arbeitslosen Lehrer als Deutschlehrer umqualifiziert. An ukrainischen Hochschulen wurden Studiengänge mit einem Anteil in deutscher Sprache angeboten. Einige Russen, die in der Ukraine leben, fühlen sich auch aufgrund der Einflüsterungen von Außen bedroht. Hilfe, wir werden unterdrückt. Aber ganz ruhig, liebe Mit-Russen.

Schlimmer ist die Situation für die Russen in Russland selbst. In der Russischen Föderation gibt es knapp zwei Dutzend Nationale Republiken wie Tatarstan, Baschkortostan, Tschuwaschien und Tschetschenien. Die dortigen Regierungen haben beschlossen, dass alle Kinder in Kitas und Schulen auch die lokale Nationalsprache lernen müssen. Aufgebrachte russische Eltern schreiben Briefe an die Behörden, die Staatsanwaltschaft und den Präsidenten mit der Bitte, ihre Kinder vor der Willkür der Ethnokraten zu schützen. Vergeblich. Putin schweigt, damit die örtlichen Eliten schweigen, damit er in Ruhe die „Sprachenprobleme" in der Ukraine lösen kann. Aber im Sommer 2018 wurde in Russland ein Gesetz verabschiedet, dass die Schulkinder in den Teilrepubliken die lokale nationale Sprache doch nicht verpflichtend lernen müssen. Also, die Tataren müssen Russisch lernen, aber die Russen lernen die tatarische Sprache nur auf freiwilliger Basis.

Mal ehrlich. Bei der heutigen Ukrainisierung geht es darum, das zu retten, was von der ukrainischen Sprache noch gerettet werden kann. Grammatikalisch, lexikalisch und phonetisch korrekt sprechen nicht viele Bürger Ukrainisch. 100 Prozent der ethnischen Ukrainer beherrschen Russisch und nutzen es. 100 Prozent der Bewohner der Ukraine verstehen Ukrainisch, aber sprechen und schreiben ist für viele schwierig. Niemand nötigt sie dazu. Wenn ein Ukrainer hört, dass sein Gegenüber russischsprachig ist, beginnt er automatisch, Russisch zu sprechen. Umgekehrt geht es nicht. Oder einer spricht Ukrainisch, der andere Russisch, beide fühlen sich wohl dabei. Die amtlichen Formulare sind auf Ukrainisch. Füllt man sie auf Russisch aus, wird niemand einen auffordern, das ganze neu und auf Ukrainisch auszufüllen. Meine Freundin, die seit 40 Jahren in der Ukraine lebt, lernt jetzt mit ihrem Enkel, Ukrainisch zu sprechen. Freiwillig und mit Vergnügen. Es bereichert sie und trainiert die grauen Zellen. Ihre Nachbarin ist dagegen aufgebracht: „Ich bin vor 20 Jahren in die Ukraine gezogen und bin ganz gut ohne Ukrainisch ausgekommen. Warum soll ich mich jetzt anstrengen?" Selber schuld. Man muss schauen, wohin man fährt. Ich bin auch

An der Nationalen Taras-Schewtschenko-Universität in Kiew, die 1833 gegründet wurde, werden heute die meisten Studiengänge auf Ukrainisch abgehalten

vor 20 Jahren in ein Land eingereist, an dessen Grenzschild „Bundesrepublik Deutschland" stand.

In der Ukraine werden unzählige Studien, Zählungen, Statistiken und Befragungen gemacht: Ist Ihre Muttersprache Russisch? Ukrainisch? Sprechen Sie Russisch/Ukrainisch? Ausschließlich? Gemischt? Privat? Im Beruf? Im Bett? Wo ist welche Sprache mehr zu hören? Im Dorf? In der Stadt? Im Süden-Westen-Osten-Norden? Ich habe nur zwei Fragen. Erstens: Welche Schlussfolgerungen können Sie daraus ziehen? Richtige. Falsche. Denn das einzige, was die Fragenden wissen wollen, ist: Sind Sie dafür, dass Russisch als zweite Staatssprache zugelassen wird? Mein Cousin aus Enakiewo hat auf alle diese Fragen lakonisch geantwortet: „Mir ist sch... egal, welche Sprache, aber das Gas muss billig sein." Ich denke, dass alle Menschen im Osten, mit wenigen Ausnahmen, so pragmatisch sind. Die zweite Frage ist: Wer will die Antworten wofür nutzen? Denn das Wort „Staatssprache" ist für so manch ausgekochtes Schlitzohr vielversprechend. Unser ehemaliger Präsident Janukowitsch hat versucht, Russisch zur zweiten Staatssprache zu machen, was ihm nicht gelungen

ist. Aber seit August 2012 ist die russische Sprache eine offizielle regionale Sprache in 13 von 27 Regionen des Landes. Mit dabei sind noch 18 Minderheitensprachen. Dank der Europäischen Charta der Regional- oder Minderheitensprachen, die die Ukraine unterzeichnet, ratifiziert und in Kraft gesetzt hat. Falls es jemanden interessiert, regionale Sprachen sind bei uns Russisch, Belarussisch, Bulgarisch, Armenisch, Gagausisch, Jiddisch, Krimtatarisch, Deutsch, Moldavisch, Neugriechisch, Slowakisch, Polnisch, Romani, Rumänisch, Neugriechisch, Ungarisch, Ruthenisch, Karaimisch und Krimtschakisch. Russland hat diese Charta unterzeichnet, aber bis heute nicht ratifiziert.
Also, alle Ukrainer sind bilingual, und einige sprechen zudem regionale Sprachen. Viele lernen Fremdsprachen. Und seit Mitternacht des 11. Juni 2017 noch eifriger. Seit diesem Datum dürfen Ukrainer mit biometrischem Pass ohne Visum in die EU reisen. Danke, liebe EU-Europäer.
Fremdsprachen sind auch im eigenem Land nützlich, wie uns die Franzosen lehren. Man wird in Frankreich sofort stumm und taub, wenn man ihre Sprache nicht kann. In einer französischen Stadt direkt an der deutsch-französischen Grenze habe ich einen Mann auf Deutsch und Englisch nach dem Weg gefragt. Der Herr tat so, als ob er mich nicht gehört hätte und lief weg. Dieselbe Situation in Venedig entwickelte sich ganz anders. Ich hatte mich im Gassengewirr verloren, und statt auf dem Markusplatz fand ich mich in einer Sackgasse wieder, rund herum, überall klatschte das Wasser an die Mauern. Es blieben zehn Minuten vor der Bootsabfahrt zum Festland. In diesem Moment trat aus einem Haus ein alter Venezianer. Ich bat ihn auf Deutsch um Hilfe. Er antwortete mir auf perfektem Deutsch: „Keine Panik, Signora. Folgen Sie mir. Der Markusplatz ist um die Ecke." Es lebe die deutsche Sprache! Englisch ist auch nicht so schlimm, wenn man bedenkt, dass 1,3 Milliarden Menschen Chinesisch sprechen – und zwar als Muttersprache.

Unsere Religionen. Keine Angst vor Allah

Religion, Kirche, Gott, Glaube? Wozu braucht man eine Religion? Sie gibt Orientierung im Leben. Die Ukrainer haben zum Beispiel Wareniki in Form der moslemischen Mondsichel gemacht und gegessen, um damit die Tataren auch symbolisch zu bekämpfen. Auberginen dagegen hatten lange Zeit Hausverbot in der ukrainischen Küche, da sie als Gemüse der Ungläubigen galten. Kirche ist eine Männer-GojH (Gesellschaft ohne jede Haftung). Obwohl, Frauen sind auch herzlich willkommen. Soviel ich weiß, dürfen Frauen kirchlich getauft, verheiratet und begraben werden. Wenn sie gefoltert, verbrannt, enthauptet, also nicht einfach so, sondern den Märtyrertod für den christlichen Glauben sterben, werden sie als Heilige verehrt. Allerdings ist ihnen der Zugang zum Stammkapital und zur Geschäftsführung nicht gestattet. In diesem Punkt sind alle orthodoxen Kirchen solidarisch miteinander wie auch mit den Katholiken und den Muslimen. Das ist kein Feminismus. Das sticht ins Auge, wenn jemand wie ich das Kirchenleben von außen betrachtet. Orthodoxe Priester haben jedoch mehr Ahnung von Frauen, denn sie sind nicht dem Zölibat unterworfen und dürfen Ehefrauen und Kinder haben. Geldprobleme lösen orthodoxe Kirchen mit Hilfe von freiwilligen Spenden. In den wilden 1990-er Jahren waren rechtgläubige und ängstliche Kriminelle in der Ukraine eine gute Geldquelle. Sie beschenken die Kirchen fürstlich, ließen viele schöne Gotteshäuser bauen.

Ich bin wie die meisten Ukrainer nicht religiös. Kirche und Staat wurden in der Ukraine nach der Oktoberrevolution streng getrennt, wie bei den Franzosen und den Türken. Wir wurden Atheisten, natürlich nur theoretisch. Jeder glaubt an Gott, am stärksten, wenn gerade ein Meteorit vorbeifliegt. Herr Gott ist ein guter Psychotherapeut, kostenlos und rund um die Uhr zu erreichen. Auch in der Sowjetzeit konnte jeder eine Kirche besu-

Die meisten Ukrainer sind nicht religiös. Kirche und Staat wurden in der Ukraine nach der Oktoberrevolution streng getrennt

chen und am Gottesdienst teilnehmen. Allerdings durfte er kein Direktor werden wollen. Man musste wählen – Gott oder Karriere. An Ostern wurde in fast jedem Haus Paska, ein Milchbrot, gebacken, und es wurden Eier gefärbt. Am Heiligen Abend zeigte sogar das staatliche Fernsehen eine Verfilmung der Gogolschen Erzählung „Die Nacht vor Weihnachten". Wie die Jugendlichen im Film gehen heute manche Kinder am Heiligen Abend von Haus zu Haus, singen, streuen Getreide und wünschen den Menschen alles Gute. Dafür bekommen sie Süßigkeiten und Kleingeld, ähnlich wie es einige Kinder in Deutschland an den Heiligen Drei Königen tun. Der Brauch heißt in der Ukraine Kolyadowanije.

Zunächst waren die Ukrainer wie alle anderen Heiden. Als erster Christ predigte bei uns der Apostel Andreas persönlich. Er kam zu früh, wir waren noch nicht bereit, auf unsere hölzernen Idole zu verzichten. Einige hundert Jahre später schickte der deutsche Kaiser Otto I. Adalbert von Trier als Missionsbischof aus ei-

nem Kloster bei Trier nach Kiew. Der Mönch blieb erfolglos. Er hielt das kalte Klima nicht aus und kehrte zurück. Man musste wählen – Gott oder Moselwein.
Im Jahr 988 war es endlich so weit. Großfürst Wolodymyr von Kiew traf die Entscheidung, seine heidnischen Völker unter dem Glauben an einen Gott zu vereinen. Und sofort erschienen an seinem Hof Juden, Moslems und Christen und machten Werbung für ihre Religion. Mit dem Islam hatte der Großfürst die Möglichkeit, ganz legal viele Frauen zu haben. Für einen Mann, der sieben Frauen und 800 Konkubinen hatte, war dies kein schlechtes Argument. Allerdings war der Wein verboten. Das war zu viel verlangt. Der Gott der Juden erschien nicht mächtig. Er konnte seinem Volk kein eigenes Land garantieren. Dann kehrten die Botschafter des Großfürsten aus Konstantinopel zurück. Sie waren von der Schönheit der Hagia Sophia überwältigt und berichteten Wolodymyr: „Wir waren dort, wo sie ihrem Gott dienen, und wir wussten nicht, ob wir im Himmel oder auf Erden sind. Auf der Welt gibt es nichts Schöneres." Zudem wollte Wolodymyr eine Schwester des byzantinischen Kaisers in Konstantinopel heiraten, die forderte jedoch, dass ihr Mann Christ sein müsse. So sind wir also Christen geworden.
Ich weiß nicht, wie es bei Juden und Moslems ist. Aber bei den Ukrainern wie bei allen Christen war der Versuch mit dem Glaube an den allmächtigen Gott offensichtlich ein Flop. Niemand glaubt wirklich, dass ein einziger Mann fähig ist, alles gleichzeitig und allein zu managen und zu erledigen. Die Christen haben schnell begriffen, dass auch Gott-Vater keine Ausnahme ist, so haben sie ihm Maria zur Seite gestellt, die allen hilft und alle schützt. Dazu wurden zahllose Heilige erdacht, zuständig für alle erdenklichen Probleme des Lebens. Sicher ist sicher. In Kiew befinden sich einige besondere Heilige. Dort gibt es das Kijewo-Petscherska Lawra, das Höhlenkloster, das um 1050 entstanden ist und zum UNESCO Weltkulturerbe zählt. Über die Mönche des Höhlenklösters spricht Rainer Maria Rilke in seinem Gedicht

Das Kijewo-Petscherska Lawra, das Höhlenkloster, wurde laut den Chroniken 1051 von Fürst Jaroslaw dem Weisen gegründet und entwickelte sich schnell zu einem bedeutenden geistlichen und kulturellen Zentrum

„Weißt du von jenen Heiligen". In den Klosterhöhlen herrscht ein besonderes Klima, so dass sich die Körper hier bestatteter Heiliger im Laufe der Jahrhunderte mumifizierten. Durch die schmalen dunklen unterirdischen Labyrinthe vorbei an diesen sehr verehrten Mumien zu laufen ist Horror pur.

Schon bald mussten sich die Kiewer erneut entscheiden. Im Jahre 1054 trennten sich die West- und die Ostkirche. Wir blieben mit Byzanz und den Griechen und wurden Orthodoxe. Als 1204 katholische Kreuzfahrer in Konstantinopel einfielen und es verwüsteten, wurde die Scheidung der Kirchen endgültig.

Die Katholiken fassten in der Ukraine vor 500 Jahren Fuß. Nachdem die westliche Ukraine von Litauen und Polen erobert worden, kamen katholische Priester. Die Ukrainer blieben in Sachen Religion flexibel. Junge Menschen konvertierten zum Katholizismus, um an einer europäischen Universität studieren zu dürfen. Ein Teil der Orthodoxen vereinte sich wieder mit der rö-

misch-katholischen Kirche. So gibt es in der Ukraine seit 1596 die Ukrainische Griechisch-Katholische Kirche. Sie zelebriert die Gottesdienste mit allem Drum und Dran wie die Orthodoxen, aber ihr Chef ist der Papst in Rom. Rom war so froh über die Wiedervereinigung, dass man Zugeständnisse machte. So wurde den Geistlichen die Priesterehe zugestanden, wie es bei den Orthodoxen üblich ist.
Lwiw ist das traditionelle geistige Zentrum der 5,5 Millionen Angehörigen der Ukrainischen Griechisch-Katholischen Kirche. Ein ukrainischer Priester war übrigens ein „Lehrer" des heutigen Papstes. Franziskus kannte in Argentinien viele Ukrainer, und er wird höchstwahrscheinlich eines Tages die Ukraine besuchen. Wir warten demütig.
Die deutschen Protestanten, die unseren Süden seit dem 18. Jahrhundert besiedelten, sind sehr engagierte Christen. Sie organisieren Kindergärten, Sonntagsschulen und helfen im Notfall. In Odessa befinden sich ihr Hauptquartier und eine der größten evangelischen Kirchen des ehemaligen Russischen Reiches und der heutigen Ukraine. Das Gotteshaus hat eine bewegte Geschichte: Das Ende des 19. Jahrhunderts erbaute Gebäude wurde 1976 durch Brandstiftung zerstört, dann unter Denkmalschutz gestellt und mit Hilfe deutscher Gelder bis 2010 wiederaufgebaut. Es ist heute das Deutsche Zentrum und Kirche St. Paul, die eine Partnerschaft mit bayerischen Lutheranern pflegt.
Ein Hügel in der Altstadt von Kiew trägt den Namen Tatarka. Seit dem 19. Jahrhundert lebten hier Tataren, die von der Wolga nach Kiew übersiedelten. Neben dem alten moslemischen Friedhof wurde vor kurzem ein Moslemisches Zentrum gebaut, das wie ein Bühnenbild für „Tausendundeine Nacht" aussieht: Durch einen schönen Torbogen kommt man in eine enge Gasse mit der Moschee „Ap-Rahma" (deutsch: Barmherzigkeit) und einem schlanken Minarett in der Mitte. Moscheen und Zentren des Islam wurden in den letzten Jahren in vielen Städten eröff-

Die Patriarchalkathedrale der Auferstehung Christi in Kiew ist die Hauptkathedrale der Ukrainischen Griechisch-katholischen Kirche. Die Kirche wurde am 27. März 2011 geweiht und der Sitz des Patriarchats von Lwiw hierher verlegt. Die Ukrainische Griechisch-Katholische Kirche gibt es seit 1596. Sie zelebriert die Gottesdienste wie die Orthodoxen, doch ihr geistliches Oberhaupt ist der Papst in Rom

net. Ohne Referenden und heiße Diskussionen. Warum auch nicht? Die Moslems entwickelten unsere arabische Zahlen, die Algebra, die Algorithmen, die Medizin und die Astronomie. Für Moslems sind Moses und Isa ibn Maryam, Jesus, der Sohn der Maria, genauso heilig wie für die Christen. Ibrahim, alias Abraham, der Stammvater der Juden und Araber, ist ein wichtiger Mann für drei Religionen. Gott schickte den Erzengel Gabriel mit einer freudigen Nachricht zur Jungfrau Maria und mit den Korantexten zu Mohammed. Logischerweise haben dann Christen und Moslems ein und denselben Gott. Oder der fleißige Bote Gabriel hatte zwei Mini-Jobs bei zwei unterschiedlichen Herren. Ah ja, ich habe das Wichtigste fast vergessen. Die arabischen Moslems haben viel dazu beigetragen, dass wir heute Wodka

und Kognak trinken. Sie haben nämlich das Verfahren der Destillation verbessert und die dafür benötigten Gerätschaften erfunden. Danke, liebe Moslems.
In der Ukraine leben rund zwei Millionen Moslems, das sind vier Prozent der Bevölkerung. Knapp die Hälfte der Moslems sind Tataren auf der Krim. Einst waren die Krimtataren die Vasallen der Türken, heute sind Krimtataren und Türken gute Freunde und machen gute Geschäfte in beiden Ländern. Da die Türkei ein mehr oder weniger guter Partner der EU ist, sind auch die Krimtataren EU-freundlich. Die andere Hälfte der ukrainischen Moslems stammt aus den ehemaligen zentralasiatischen Sowjetrepubliken und dem Rest der Welt.
Juden, die engsten Verwandten der Moslems, leben seit Ewigkeiten in der Ukraine. Judaismus gibt es bei uns in mindestens drei Formen. Die eine ist die jüdische Religion der „gewöhnlichen" Juden, der ehemaligen Emigranten aus Westeuropa, Byzanz und dem Gelobten Land. Ihre Synagogen stehen in Kiew, Odessa, Lwiw und vielen anderen Städten. Die ersten Anhänger der jüdischen Religion waren bei uns aber nicht die zugewanderten Juden, sondern die Chasaren. Im 10. Jahrhundert bauten sie in der heutigen Stadt Feodossija auf der Krim eine große, schöne Synagoge. Es war die älteste erhaltene Synagoge in der Sowjetunion. Dann wurde sie leider in einen Kulturpalast für Marineoffiziere umgewandelt. Die Karäer oder Karaimer, ein Volk auf der Krim, sind auch keine „gewöhnlichen" Juden und haben eine eigene Variante des Judaismus geschaffen. Sie beten nicht in der Synagoge, sondern in der Kenesa. Eine schöne Karäer-Kenesa im maurischen Stil findet sich am Jaroslawiw Wal in Kiew. Die frischen Winde des jüdischen Glaubens wehen auch in der Ukraine. Jedes Jahr pilgern Tausende Chassiden, die Frommen, in die ukrainische Stadt Uman. Dort ist Nachman von Bratslav, der Begründer der Strömung der Bratslaver Chassidim, begraben. Als Zaddik Nachman 1810 fühlte, dass sein Tod nahe ist, reiste er, Gott weiß, warum, nach Uman, um dort zu sterben.

Am 15. Dezember 2018 fand das Vereinigungskonzil von zwei orthodoxen Kirchen der Ukraine statt. Am 5. Januar 2019 unterzeichnete in Istanbul der Ökumenische Patriarch Bartholomäus I. den Tomos – die Garantie der Unabhängigkeit der ukrainischen Landeskirche

Heute ist es ein Muss für jeden Chassiden seiner Strömung, einmal im Leben sein Grab zu besuchen. Die Chassiden glauben, dass, wenn sie das Neue Jahr, das bei ihnen im September beginnt, an seinem Grab feiern, es ein für sie sehr glückliches Jahr sein wird. Ein Glücksfall für die 86 000 Umaner, die jedes Jahr allein an Rosch ha-Schana, dem Neujahrstag, bis zu 30 000 Chassiden begrüßen dürfen.

Man schätzt, dass 52 Prozent aller Gläubigen in der Ukraine Orthodoxe sind. Die andere Hälfte glaubt praktisch an alles, was es in der Welt gibt. Zwischen den Konfessionen gibt es kaum Missverständnisse. Juden, Buddhisten, Baptisten, Moslems und Krishna-Anhänger kommen miteinander zurecht.

Unsere einzigen Sorgenkinder sind die Ukrainischen Orthodoxen Kirchen. Nach dem Zerfall der Sowjetunion haben sich Russland und die Ukraine friedlich getrennt. Ganz anders aber die nächstenliebende Kirche. Ein Teil der Gottesdiener blieb Moskau treu, sie vertreten die Ukrainische Orthodoxe Kirche des Moskauer Patriarchats. Andere Geistliche wollten sich der Kontrolle des russischen Patriarchen entziehen und Herren im eigenen Haus sein. Eigentlich nichts Neues. Hatte sich doch 1589 Moskau selbst vom Patriarchat in Konstantinopel abgespalten, womit das Patriarchat in Moskau entstand. Wie Christus einst sagte: Wer von euch ohne Sünde ist ... Das ist die Theorie, praktisch wurden die ukrainischen Schismatiker in Moskau verbannt und exkommuniziert. Begründet wurde dies damit, dass sie Gebete auf Ukrainisch lesen und die „falschen" Kirchenväter erwähnen. Im Klartext aber hieß es: Diese Kleriker haben ein Dutzend in der Ukraine befindliche Kirchen und Klöster zum Eigentum der Ukrainischen Orthodoxen Kirche des Kiewer Patriarchat erklärt. Ich bin zum Glück kein Kirchenmitglied. Was aber denkt Herr Gott über diese Immobilienstreitereien? Vermutlich interessiert es ihn, wie die meisten Gläubigen, nicht besonders. Business as usual. Hauptsache, die Eier werden an Ostern geweiht.

Sie denken, die Kirchenfrage geht Sie nichts an. Falsch gedacht, liebe EU-Europäer. Die Russische Orthodoxe Kirche ist mitten drin in Europa und sehr aktiv. Ein Beispiel. In Darmstadt gibt es eine russisch-orthodoxe Kirche. Dort wurden Flugblätter verteilt, die zur Wallfahrt „Dem Weg Suworows folgen – über die Alpen" einladen. Informationen über die Wallfahrt findet man auf den Webseiten der Kirchengemeinden, die es in vielen Städten Europas, USA und Kanada und überall auf der Welt gibt. Die Wallfahrt wird alljährlich für Kinder und Jugendliche, die Pfarrschule besuchen, organisiert. Pfarrer und Gemeindemitglieder haben, wohl gemerkt, die deutsche (französische, englische, amerikanische ...) Staatsbürgerschaft. Wer ist Suworow?

Alexander Suworow war ein russischer General. Er war dabei, als die Monarchen von Russland, Österreich und Großbritannien 1799 gegen die junge Französische Republik kämpften, darunter auch in den Schweizer Alpen. Die Russische Orthodoxe Kirche hat ihn als Vorbild für die moralische Erziehung junger Christen erwählt. Ein Pfarrer aus München erklärt: „Überall in der Welt und besonders in Westeuropa wird eine Politik der Un-

Die ukrainischen Ostereier sind Kult- und Kunstobjekte, für die es sogar ein eigenes Museum gibt

sittlichkeit verfolgt (Homo-Ehen). Ich habe fünf Kinder und selbst erlebt, wie unmoralische Propaganda in den Schulen gemacht wird. Wir müssen dagegen kämpfen und unsere Kinder im Geiste der russischen Orthodoxen erziehen. Suworow ist ein hervorragendes Beispiel. Denn er kämpfte in der Schweiz gegen den Anti-Christ, gegen die Revolution in Frankreich, die die Kirche und die Monarchie zerstörte. Dies zeigt, dass Krieg auch für Gerechtigkeit und das Heil der Menschen geführt werden kann." Die jungen Pilger übernachten in einer Jugendherberge in der Schweiz. Die „geistig-moralische" Erziehung umfasst: Zusammen mit dem Pfarrer beten, dann eine Doku über Generalissimus Suworow anschauen. Beten und eine Vorlesung über die russischen Wunder-Krieger und die russische Kampfkunst hören. Beten und Geschichtsunterricht auf dem Feld „Zaren Russlands und Europa". Beten und russische Kriegslieder singen. Die Russen haben mehrere Suworow-Denkmäler in der Schweiz errichtet, selbstverständlich mit deren Erlaubnis. Sie können sich jetzt vorstellen, was in der Ukraine in den Kirchen des Moskauer Patriarchats erzählt wird.

Während die orthodoxen Kirchenväter um die Macht kämpfen, merken sie nicht, dass ihre potenzielle Kundschaft zu fremden Seelsorgern überläuft. Mormonen klopfen an die Haustüren, Missionare aus Übersee streifen durch das Land. Diese Missionare, durch die Bank weg ehemalige Alkoholiker und Drogenabhängige, erzählen wunderschöne Geschichten, wie Gott sie rief. Bei ihnen ist alles einfach, klar und verständlich. Man singt und klatscht unter der Leitung des Predigers. Die Menschen weinen, was vor dem Hintergrund unserer Misere mühelos geht. Fremde umarmen einander wie enge Verwandte. Die Bibel wird kostenlos verteilt, und zum Schluss darf jeder einen Schluck Wein trinken. Das Volk strömt in hellen Scharen zu ihnen. Und aus einigen Bösewichtern werden wirklich fromme Menschen.
Noch eine wichtige religiöse Frage muss beantwortet werden: Wodurch unterscheiden sich ukrainische Orthodoxe von anderen Christen?
Erstens. Unsere Ostereier haben nichts mit Hasen zu tun. Es sind Kult- und Kunstobjekte, für die es in der Ukraine ein eigenes Museum gibt. Das Pysanka-Museum in Kolomyia im Gebiet Iwano-Frankiwsk hat nach eigenen Angaben 12 000 Pysankas, so heißen die Ostereier auf Ukrainisch, in seinem Bestand. Es ist das einzige Ostereier-Museum in der Welt. Schöne Pysanka kann man als Souvenir kaufen, überall in der Ukraine und zu jeder Jahreszeit.
Zweitens. Am Heiligen Abend wird bei uns nicht etwa Truthahn oder Karpfen gegessen, sondern Kutja. Das ist ein süßer Brei aus Mohn, Honig, Rosinen und Weizen. Zudem sollen auf dem Festtagstisch zwölf vegetarische Gerichte stehen, stellvertretend für die zwölf Apostel.
Drittens. Wir feiern das Weihnachtsfest nicht am 25. Dezember, sondern zwei Wochen später am 7. Januar nach Gregorianischem Kalender. Es gibt einen Gregorianischen und einen Julianischen Kalender. Fragen Sie mich nicht, was das ist. Das wissen nur Herr Gott und die Astronomen. Allerdings: 2017 wurde auch in der Ukraine der 25. Dezember zum christlichen Feiertag erklärt.

Ukrainische Küche, Weine und Sekt

In der Ukraine wird nicht viel über gesundes Essen geredet, und nur einige wenige Ukrainer haben je eine Ernährungspyramide gesehen. Die meisten essen sowieso „mediterran", also kaum Fleisch, denn das ist zu teuer. Zugleich ist anzumerken, dass ukrainische Teller – ob Zuhause oder im Restaurant – halb so groß sind wie in einigen anderen Ländern und zudem nur halbvoll. Krankhaft übergewichtige Menschen wie in den USA und leider vermehrt in Deutschland werden sie in der Ukraine kaum treffen.

Für ihre Gemüsegerichte kauft die ukrainische Hausfrau im Supermarkt Gewürzmischungen wie „Kräuter der Provence" oder „Italienische Kräuter", und schon fühlt man sich beim Abendbrot Südeuropa ganz nah. Dabei wachsen auch im Süden der Ukraine dichte Büsche von Rosmarin und zartes Basilikum. Die ukrainische Steppe ist den ganzen Sommer mit pink-violetten Thymian-Teppichen bedeckt. Oregano, auch Wilder Majoran, Dost oder Wohlgemut genannt, ist eine ukrainische Volkspflanze, die bei uns Materinka heißt. Die wächst überall und ist Symbol der Mutterliebe (daher der Name mater-inka) und der Gesundheit des Kindes. Alle diese mediterranen Kräuter kaufen wir seit altersher in der Apotheke und heilen damit viele Beschwerden. Jetzt lernen wir, mit diesen „Exoten" unsere Küche zu verfeinern. Stets gibt man in der Ukraine eine Prise Thymian, Majoran, Salbei und Melisse zum Tee, das hebt die Stimmung. Olivenbäume wachsen in der Ukraine nicht, dafür aber gibt es bis zum Horizont gelbe Sonnenblumenfelder. Europa kocht schon seit langem mit ukrainischem Sonnenblumenöl. Übrigens, Sonnenblumenöl hat sehr viel mehr Vitamin E als Olivenöl. Es bleibt ein Geheimnis, warum ein Liter Sonnenblumenöl in Kiew teurer als in Frankfurt ist. Deutsche, Belgier, Spanier und Franzosen kaufen gerne ukrainischen Honig, die Schweizer mögen ukrainischen Zucker. Vor allem Österreicher, Italiener und

Nationalgericht Nummer 1 ist Borschtsch. Der kann jeden Tag auf dem Tisch stehen, im Winter heiß, im Sommer auch kalt. Borschtsch ist eine Gemüsesuppe, die grundlegend aus Weißkohl, Kartoffeln, Roter Bete, Möhren, Zwiebeln, Tomaten und Paprika besteht

Holländer schätzen ukrainische Bio-Produkte. Kürbiskerne von Alnatura kommen oft aus der Ukraine. In der südlichen Ukraine reifen Auberginen, Paprika, Pfirsiche, Feigen, Mandeln, Melonen, Wassermelonen und Weintrauben. Bei den ukrainischen Griechen und den Krimtataren haben wir abgeschaut, was man aus diesen Gemüsen und Früchten des Südens Leckeres zubereiten kann. Auberginen und Zucchini werden für den Winter eingelegt oder zu würzigem Brotaufstrich verarbeitet. Das französische Ratatouille nennt man bei uns Gemüseragout. Dafür werden alle Gemüse klein geschnitten, gebraten und mit frischen Kräutern abgeschmeckt.

Unser Nationalgericht Nummer 1 ist Borschtsch. Der kann jeden Tag auf dem Tisch stehen, im Winter heiß, im Sommer auch kalt. Borschtsch ist eine Gemüsesuppe, die grundlegend aus

Weißkohl, Kartoffeln, Roter Bete, Möhren, Zwiebeln, Tomaten und Paprika besteht ... Das klingt nach viel Arbeit, aber mit einer Küchenmaschine, vorgegarten Roten Beten sowie Tomaten aus der Dose und Tomatenmark geht es schnell. Auf jedem Bauernmarkt kann man einen Strauß Dill kaufen. Zum Schluss werden einige getrocknete Dillstängel mit Doppeldolde in den Topf gegeben. Wenn Sie diesen Duft einmal gerochen haben, werden Sie danach süchtig. Man kann einen großen Topf Borschtsch kochen und eine ganze Woche davon essen. Ab dem dritten Tag schmeckt er noch köstlicher. Borschtsch ist ein sogenannter Allrounder. Wenn Sie Vegetarier sind, kochen Sie ihn ohne Fleisch. Wenn Sie abnehmen möchten, lassen Sie Kartoffeln und Bohnen weg. Wenn Sie Magenprobleme haben, nehmen Sie frischen Weißkohl, wenn nicht, nehmen Sie Sauerkraut. Borschtsch ist immer lecker. Probieren Sie selbst, einen Borschtsch zu kochen, erfinden Sie Ihr Lieblingsrezept. Aus der Ukraine wanderte der Borschtsch nach Russland und Belarus, ja, und er wurde dort so populär wie bei uns.

Westeuropäische Schlangengurken, die man meterweise verkaufen könnte, kennt man in der Ukraine noch nicht. Im Sommer essen wir immer noch kleine Landgurken. Eingelegte Gurken aus der ukrainischen Stadt Nyschyn (Neschin) sind seit langem ein ukrainischer Exportschlager. Die Gurken sind besonders saftig und knackig, weil die Neschiner Erde mit Silberionen gesättigt ist. Die erste, die auf den Geschmack der Neschiner Gurken kam, war Zarin Katharina II. Bis 1917 wurden marinierte Gurken an den Zarenhof geliefert. Aber sie waren auch in Kopenhagen, Berlin, Paris und London bekannt. Die Konservenfabrik der Stadt produziert die Spezialität auch heute noch nach alten Rezepten. Übrigens: Nach einer Probelieferung bestellt jetzt auch der Buckingham Palast regelmäßig die kleine ukrainische „Grüne".

Eier zu kaufen kann ein Problem sein. Bio- und Freilandhaltung ist in der Ukraine noch unbekannt. Bei einem Besuch in der

Im Winter beliebt ist der Salat Vinaigrette, ein gehaltvoller Salat aus gekochtem und gewürfeltem Gemüse: Kartoffeln, Karotten, Bohnen, Zwiebeln, Salzgurken oder Sauerkraut und Rote Bete

Ukraine brauchte ich Eier. Ich ging in den Supermarkt und kam ohne Eier wieder raus. Es gab „Beste Eier", „Goldene Eier"; „Märcheneier" und „Eier von guten Hennen" – Eier aus Käfighaltung. Aber was für Käfige, loben die ukrainischen Produzenten. Von den besten EU-Herstellern!
August ist die Zeit des Kukurusa, wie die Ukrainer den mexikanischen Mais nennen. In der Saison kann man Maiskolben an jeder Ecke im 10-er Bund günstig kaufen, roh oder gekocht. Diesen Luxus kann ich mir in EU-Europa, auf jeden Fall in Deutschland, nur selten leisten. In einem Dorfsupermarkt inmitten von Maisfeldern kosten zwei mickrige Maiskolben zwei Euro! Ein menschenfeindlicher Preis, würde ich sagen. Für Pferde und Hühner werden die Maiskörner aber von den Kolben gelöst, getrocknet und in Säcke verpackt, und bei ebay kann man sie für 40 Eurocent pro Kilogramm kaufen.
Im Winter essen wir gerne Vinaigrette. Das ist keine Salatsauce, sondern ein gehaltvoller Salat aus gekochtem und gewürfeltem

Gemüse: Kartoffeln, Karotten, Bohnen, Zwiebeln, Salzgurken oder Sauerkraut und Rote Bete, die nicht fehlen darf. Wer mag, kann noch einen Apfel dazugeben.
Kotelett ist bei uns keine Fleischscheibe mit Knochen wie in Deutschland, sondern ein Gericht aus Hackfleisch. Das berühmte Kiewer Kotelett ist allerdings kein traditionell ukrainisches Volksgericht. Es wurde vor 100 Jahren in einem Nobelrestaurant in Sankt-Petersburg kreiert. Nach dem Zweiten Weltkrieg tauchte es in einem Restaurant in Kiew wieder auf und heißt seitdem Kiewer Kotelett. Hähnchenbrustfilet wird durch den Fleischwolf gedreht, in die Form eines Rugbyballs gebracht, paniert und in heißem Fett frittiert. Der Clou ist, dass in die Mitte ein Stückchen Butter, eine Kräutermischung und Käse oder Pilze gegeben werden.
Viele ukrainische Gerichte braucht man nicht zu beschreiben, der übersetzte Name steht für sich. Sehr populär sind Deruni (Kartoffelpuffer). Heute werden in den Restaurants auch Deruni mit Kaviar serviert. Mehlknödel sind in der Ukraine unter dem Namen Galuschki bekannt. Der ukrainische Kendüch ist fast ein Zwillingsbruder des Pfälzer Saumagens, doch wird er nicht gekocht, sondern im Backofen gegart. Wareniki, die man in anderen Ländern Maultaschen, Ravioli, Pelmeni oder Kärntner Nudeln nennt, sind in der Ukraine ein beliebtes Gericht – Wareniki gibt es mit verschiedenen Füllungen. Man muss unbedingt die ukrainischen Wareniki mit Sauerkirschen, serviert mit Smetana (ein fetter Sauerrahm) probieren.
Zu Ehren ihrer Lieblingsgerichte errichteten die Ukrainer Denkmäler à la Claes Oldenburg. Da gibt es in Poltawa etwa einen riesigen Teller mit Galuschki, und in Nischyn können Sie eine tonnenschwere Gurke bestaunen. Die Idee fand Gefallen. An einem acht Meter hohen Warenik kann man sich heute in einem Städtchen in Kanada, in dem viele Ukrainer leben, erfreuen. Alljährlich werden in der Ukraine Festivals veranstaltet wie „To Salo with Love" („Auf den Speck mit Liebe"), das Galuschki-Festi-

Sehr populär sind Deruni (Kartoffelpuffer). Heute werden in den Restaurants auch Deruni mit Kaviar serviert. Mehlknödel sind in der Ukraine unter dem Namen Galuschki bekannt

val oder das Festival „Ruhm den Deruni"! Dabei wird nicht nur gegessen und getrunken. Veranstaltet werden Wettbewerbe um das beste Lied, das beste Bild, das schönste Gedicht, den besten Witz und die interessanteste Geschichte über das jeweilige Gericht, und selbstverständlich wird das beste Rezept gekürt. Männer zeigen ihr Können in Wettkämpfen wie dem Deruni-Powerlifting, wobei man mit einem schweren Topf in jeder Hand in die Knie und wieder hoch gehen muss.

Fleisch war früher für das gemeine Volk eine Luxusware, in der Sowjetzeit war es Mangelware, und heute ist es für die meisten Ukrainer erneut unerschwinglich. Aber niemand leidet darunter. Auf Fleisch kann ein Ukrainer leicht verzichten, nicht aber auf Salo – nein, auf den auf keinen Fall. Salo, das ist Weißer Speck. Aber halt, sagen Sie nicht einfach Speck. Wussten Sie, daß im Kreml jeden Tag 50 Gramm frischer, leicht gesalzener

Salo serviert wurde? Ja, Salo ist gut für die Gesundheit. Salo hat einen hohen Anteil an Arachidonsäure, Oleinsäure, Palmitinsäure, an den Vitaminen A, D, E, F und an Karotin, die für das Immunsystem, das Herz und die Hormonbalance gut sind. Wie Knoblauch weist Salo sehr viel Selen auf, das ein starkes Antioxidant ist, das die Potenz fördert und Krebs vorbeugt. Wenn Sie frischen Salo mit Gemüsesalat essen, beugen Sie Arteriosklerose vor. Einmal pro Woche einen „Ukrainischen Kuss", ein Brotaufstrich aus Speck mit Knoblauch, genießen, wird sehr empfohlen. Man muss nur den richtigen Zeitpunkt wählen.
Frischen Salo kann man auf jedem Bauernmarkt kaufen. Er ist schneeweiß und zart, mit einem leichten Aroma von Strohrauch, die Schwarte lässt sich leicht mit den Fingern lösen. Allerdings muss man beim Kauf genau sagen, was man will. Das ist wie beim Kauf einer Fahrkarte der Deutschen Bahn: Wenn man nichts sagt, wird der teuerste Fahrschein verkauft. Also, fragen Sie die Verkäuferin nach Speck, den man mit den Lippen essen kann und ohne Faden. Die besten Stücke sind schnell ausverkauft. Man nimmt sie als Geschenk für Freunde und Verwandte in den USA, Australien, Westeuropa und sogar Israel mit.
Die Küche der Huzulen in den Karpaten ist bekannt für geräuchertes Fleisch, Pilzgerichte sowie Brimsen oder Brynsa. Brynsa ist ein gesalzener Frischkäse aus Schafmilch mit pikantem Geschmack, der von den Hirten im Sommer auf den Bergweiden hergestellt wird. In Polen und in der Slowakei hat man es geschafft, für den einheimischen Brynsa eine „Geschützte Herkunftsbezeichnung" zu bekommen. Die ukrainischen Bergbewohner lieben ihr regionales Banosch – die ukrainische Variante der rumänischen Mamaliga und der italienischen Polenta. Banosch wird mit Smetana oder Sahne gekocht und mit Brynsa, Pilzen oder Grieben serviert. Traditionell sollte Banosch ausschließlich von Männern über offenem Feuer gekocht werden. Jedoch trainieren zumeist die Frauen eine Stunde lang ihre Armmuskulatur beim Rühren dieses festen Breis.

Auf Fleisch kann ein Ukrainer leicht verzichten, nicht aber auf Salo – nein, auf den auf keinen Fall. Salo, das ist Weißer Speck. Frischen Salo kann man auf jedem Bauernmarkt kaufen

Käse wird in der Ukraine in großen Fabriken produziert. Mit Hilfe aus der Schweiz wurde die erste private Käserei in einem kleinen Ort in Transkarpatien eröffnet. Es werden insgesamt drei Käsesorten aus Biomilch nach Schweizer Technologie hergestellt. Die sparsame Schweizer Botschaft in der Ukraine bestellt heute nicht mehr den Käse aus der Heimat, sondern ordert bei dieser Käserei.

In Wien gibt es die Kolschitzkygasse. Da steht an einem Eckhaus die Figur eines in türkische Gewänder gekleideten Mannes mit einer Kaffeekanne in der Hand. Das ist unser Landsmann Georg Franz Kolschitzky. Man sagt, dass er im Jahre 1683 das erste Wiener Kaffeehaus eröffnet hat. Oder war es das zweite? Heute weiß es niemand mehr so genau. Fest steht, dass der ehemalige ukrainische Kosak eine Karriere als Dolmetscher, Spion und Geschäftsmann gemacht hat. Während der türkischen Belagerung Wiens hat er gefährliche Aufträge erledigt und dafür das Privileg des Kaffeeausschanks erhalten. Später haben die Österreicher die Kaffeehauskultur in der Westukraine zur Mode gemacht. Heute noch findet man dort auch in kleinen Städtchen gemütliche Cafés, in denen sogar die Bauern Kaffee trinken, während im Rest des Landes Tee das Alltagsgetränk ist. Im Sommer, wenn das Obst wie Regen von den Bäumen fällt, trinken wir Kompot. Es ist keine Süßspeise wie etwa Kompott aus gekochtem oder eingemachtem Obst, wie Sie vielleicht denken. Kompot ist ein Getränk, das man sehr leicht und schnell zubereiten kann. Kochen Sie 2 bis 3 Liter Wasser auf, geben Sie dann ganzes oder halbiertes Obst hinein, aber nicht viel. Sie können auch leicht verdorbenes Obst verwenden. Zucker nach Geschmack dazugeben. Fünf Minuten aufkochen. Fertig. Abkühlen lassen, in Flaschen abfüllen und in den Kühlschrank stellen. So brauchen Sie kein Geld für die Chemiemischungen aus dem Supermarkt auszugeben.

Kein Festtag und kein Trauertag ohne Wodka, den wir auf Ukrainisch als Horilka (von horit, brennen) bezeichnen. Eine ukrainische Spezialität ist Perziwka, das ist Horilka mit einer ganzen roten Chilischote in der Flasche. Das sieht schön aus und wird gerne als Gastgeschenk gekauft. Eine der bekanntesten ukrainischen Wodkamarken ist Nemiroff, man kann ihn in mehr als 50 Ländern kaufen. Neben reinem Horilka, der ausschließlich aus Getreide hergestellt wird, gibt es Horilka mit Pfeffer, Pfeffer und Honig, Birkenknospen, Zitrone, Pinienkernen, Moosbeeren ...

Mit Bier sind die Ukrainer gut versorgt. Man sagt, dass die ersten Ukrainer, die sich in Deutschland ansiedelten, ukrainische Mönche waren. Es waren Fachleute für die Bierbrauerei, und sie wollten mit ihren Kollegen ihr Wissen tauschen. Als älteste Bierbrauerei bei uns gilt die in dem kleinem Dorf Mykulynzi in der Westukraine, sie wurde erstmals im Jahre 1457 urkundlich erwähnt. Viele Brauereien wurden Ende des 19. Jahrhunderts von deutschen und tschechischen Unternehmern gegründet. Heute

Zum Bier werden Taranka (gesalzener Stockfisch) oder gekochte und gesalzene Shrimps gegessen. Aber eigentlich sind gekochte Flusskrebse das Beste

kauft man deutsche und belgische Brauereitechnik und braut nach besten deutschen und tschechischen Rezepten, auch nach dem deutschen Reinheitsgebot von 1516, ukrainisches Bier. Viele private Brauereien und Bierstuben heißen „Zwölf", „München", „Kölsch" oder „Lustdorf". Zum Bier werden Taranka (gesalzener Stockfisch) oder gekochte und gesalzene Shrimps gegessen. Aber eigentlich sind gekochte Flusskrebse das Beste, was man zum Bier servieren kann. Im Sommer werden in einigen Gegenden der Ukraine die Flusskrebse eimerweise verkauft. Kaufen Sie sie, und genießen Sie sie mit einem Krug Bier. Flusskrebse sind Öko-Tiere, die nur in sauberem Wasser leben können.
Ausländische Getränkehersteller haben schnell begriffen, dass man mit Bier, Coca-Cola und Fanta in der Ukraine nicht weit

kommt. Wie die ukrainischen Betriebe produzieren sie heute auch Kwas, den wir seit uralten Zeiten trinken. Als Fürst Wolodymyr die heidnischen Bewohner von Kiew im Jahre 998 im Dnipro taufen ließ, bekamen sie danach etwas zu essen sowie Honig und Kwas als Geschenk. Kwas wird durch Gärung von Roggenbrot oder Malz hergestellt, der Geschmack erinnert an Malzbier. Eine Krone beim Einschenken gibt es auch, aber Kwas hat nur rund ein Prozent Alkohol. Bei großer Hitze ist Kwas die einzige Rettung, und er ist ein starker Konkurrent zur viel zu zuckerhaltigen Coca-Cola.

Der Genuss von Wein ist den Ukrainern etwa seit dem 4. Jahrhundert vor unserer Zeitrechnung bekannt. Im Mittelalter kultivierten die Mönche die Weinrebe. Sie experimentierten mit dem Weinbau sogar in den nördlichen Gegenden rund um Kiew. Heute ist es im Norden der Ukraine für Riesling-Reben zu kalt, im Süden dagegen zu heiß. Deutsche Kolonisten versuchten vor 200 Jahren ihre Lieblingsrebe auf der Krim zu kultivieren, mussten die Idee aber aufgeben. Auf der Krim werden vor allem süße Dessertweine, Portweine und Likörweine wie Madeira und Sherry produziert.

An der südlich von Odessa gelegenen Schwarzmeerküste haben bereits Griechen und Genueser im 6. Jahrhundert Weinberge angelegt. Danach kamen die Türken mit ihren einheimischen Rebsorten und bauten den Weinanbau weiter aus. Anfang des 19. Jahrhunderts besuchte Louis-Vincent Tardent, ein Schweizer aus dem Vevey, die Gegend und schrieb begeistert in die Heimat: „Wenn ihr ein Paradies auf Erden sehen möchtet, dann findet ihr keinen besseren Ort". Seine Landsleute glaubten ihm und reisten mit ihren eigenen Rebstöcken in die Ukraine. Sie siedelten sich südwestlich von Odessa im ehemals osmanischen Dorf Ascha Abag an, das sie später in Schabo umbenannten. Vielleicht ist dieser Landstrich ein Himmelsort. Denn es ist eines der wenigen Gebiete, wo die Reben von der Reblauskatastrophe verschont blieben. In der Sowjetzeit während der Anti-Alkohol-

Der Genuss von Wein ist den Ukrainern etwa seit dem 4. Jahrhundert vor unserer Zeitrechnung bekannt. Im Mittelalter kultivierten Mönche die Weinrebe

Kampagne unter Michail Gorbatschow wurden die Weinberge in Schabo nicht ausgerodet. In der modernen Weinkellerei Schabo werden hervorragende Weine, Kognak, Wermut und Grappa hergestellt. Der Chef des Weinguts ist der ethnische Georgier Waja Jukuridse, Georgien gilt bekanntlich als Urheimat des Weines.

Nördlich von Odessa gibt es den Tylihul-Liman an der Schwarzmeerküste. Ein Großteil dieser Lagune steht unter Naturschutz und gilt als eines der saubersten Gewässer Europas. Die Region liegt auf dem 46 nördlichen Breitengrad wie das französische Beaujolais. Das Klima ist mild, der Boden reich an Mineralien. Warum soll man hier keine Rebe anpflanzen, dachte man vor 60 Jahren. So begann die Geschichte eines Weinbetriebes im Dorf Koblewo am Ufer des Tylihul-Limans. Die Winzer der Weinkellerei „Koblewo" machen sehr gute Traminer-, Chardonnay-, Merlot- und Cabernet-Weine. Die Reben, die Ausstattung und

die Technologie sind heute europäisch, die Winzertalente aber ukrainisch.
Transkarpatien wird auch Land der Gärten und Weinberge genannt. Hier werden mehr als 100 Rebsorten angebaut. Nach dem Zusammenbruch der Sowjetunion zerfielen viele Weinbetriebe, die Holzfässer blieben leer. Die Not machte die hiesigen Winzer erfinderisch. In der 1995 gegründeten Weinkellerei Chizay in Beregowo wird heute neben vielen anderen auch koscherer Wein produziert. Die Produktion wird vom Hauptrabbiner der Westukraine begleitet und von der „OK Kosher Certification" zertifiziert.
China und Hongkong sind unsere Hoffnungen. Hier wird ukrainischer Wein gern vermarktet. In Westeuropa ist lediglich der Krimsekt mehr oder weniger bekannt. Die Trauben für den Krimsekt wachsen auf der Krim, aber produziert wird er in der Stadt Artemiwsk in der Nähe von Donezk. Genosse Stalin hatte angeordnet, ein altes Kalkbergwerk in eine Sektkellerei umzuwandeln. In 72 Meter Tiefe lagern bei konstanter Temperatur und Luftfeuchtigkeit 30 Millionen Flaschen hochwertiger, nach der Méthode champenoise hergestellte Schaumweine. Die Kellerei ist international unter dem Namen Artyomovsk Sparkling Winery bekannt.
Blut Christi heißt bei uns Kagor. Oder umgekehrt. Kagor nennt man in der Ukraine Blut Christi. Er ist nicht zu verwechseln mit den französischen Cahors-Weinen. Der ukrainische Kagor ist ein Wein, mit dem bei uns in der Kirche die Eucharistie gefeiert wird. Dieser Dessertwein wird nach einer speziellen Methode aus den Rebsorten Saperawi, Cabernet, Matrasa und Morastel hergestellt. Kagor ist ein körperreicher samtiger Wein mit tiefdunkler Rubinfarbe und eleganter Kakao-Schokoladen-Note im Geschmack und Bukett. Vor allem Ukrainerinnen trinken Kagor, um sich nach einer Krankheit zu erholen, um ihr Immunsystem zu stärken, um die Leber und das Herz zu unterstützen, als Vitaminquelle und einfach so. Auf Ihr Wohl!

Вироби
Демченко
Людмили

Typisch Ukrainisch?

Ich möchte noch erzählen, was für tolle Menschen die Ukrainer sind, und zwar so, dass Sie mir glauben. Was haben alle Ukrainer als Nation gemeinsam? Die Staatsflagge. In Blau und Gelb, wie der Himmel und das Weizenfeld. Schweden hat auch eine blau-gelbe Staatsflagge, man denkt an Sand und Meer. Die schwedischen Wikinger haben vor 1 000 Jahren am Kiewer Ufer Anker geworfen und sind für immer geblieben. Entsprechend haben die Farben ihren Ursprung im Wappen der warägischen Dynastie der Rurikiden, die vom 9. Jahrhundert bis zum Ende des 16. Jahrhunderts über die Kiewer Rus und das spätere Russische Reich herrschten. Eine andere Version besagt, dass als Vorlage das blau-gelbe Wappen der Fürsten von Galizien-Wolhynien in der Westukraine diente. Dort sind Fürstenwappen und Banner in diesen zwei Farben seit dem 13. Jahrhundert bekannt. In Gelb und Blau gehalten ist auch das ukrainische Staatswappen, eine goldene Trysub vor blauem Hintergrund. Die Trysub, das heißt Dreizack, war ein Zeichen der Kiewer Großfürsten und wurde seit dem 10. Jahrhundert auf ihren Münzen abgebildet. Wahrscheinlich ist es ein Sinnbild für einen Falken, der sich vom Himmel auf seine Beute stürzt.

Im Jahre 2013 machte die Firma Henkel in Osteuropa Werbung für ihren neuen Toilettenduftspüler. Dumm war, dass das WC-Frischemittel die Farben unsere Staatsfahne hatte. Wer will seinen Nationalstolz in der Toilettenschüssel des Nachbarn sehen? Für Henkel waren Blau und Gelb die Farben von Wasser und Zitrone, trotzdem erntete der Konzern viel Spott und nahm das Produkt prompt vom Markt. Also, liebe Werbemacher, immer aufpassen.

Alle Ukrainer verbindet zudem die nationale Währung. Heute, wie vor 1 000 Jahren im Kiewer Reich, ist das der Hrywnja oder Griwna oder UAH. Damals war er je nach Ort und Zeit etwa 160 Gramm Silber wert. Im Januar 2020 kostete 1 Griwna 0,04 Eu-

Die Ukrainer hatten eine der kleinsten Armeen in Europa

ro. Für einen Euro bekommen Sie 27 UAH und können dafür in Kiew einen Liter Milch kaufen.

Eine Analyse der DNA zeigte, dass jeder 15. Ukrainer ein Blutsverwandter der Wikinger ist, jeder 6. Ukrainer hat schwedische Vorfahren. Vielleicht haben deren Gene den ukrainischen Charakter beeinflusst. Es gibt einen Witz über Schweden. Ein Amerikaner sieht einen schwedischen Fischer in seinem Boot schlafen, er sagt: „Warum schläfst du? Du kannst noch fischen." Der Schwede antwortet: „Ich bin um 5.00 Uhr aufgestanden und habe schon gefischt." Der Amerikaner lässt ihn nicht in Ruhe: „Es ist erst 7.00 Uhr. Du kannst noch mehr Fische fangen, mehr Geld verdienen und dann immer noch schlafen." „Aber ich schlafe schon!", antwortet der Fischer. Ähnlich sind die Ukrainer. Wir sind fleißig, aber keine Workaholics, und geldgierig sind wir schon gar nicht.

Bevor die Wikinger bei uns vorbeikamen, wurden die Ur-Ukrainer von den alten Griechen verführt. Anders als die alten Römer wollten die alten Griechen weder uns noch die ganze Welt erobern. Wie die Hellenen streiten die Ukrainer gerne und heftig untereinander. Aber Kriege gegen andere führten wir nur notgedrungen, um uns zu wehren oder andere zu unterstützen. Kurzum, die Ukrainer sind friedlich. Die Griechen zeigten uns, wie man das Leben genießen kann, indem man philosophiert, musiziert, dichtet, baut, erzeugt, erfindet, komponiert oder überhaupt etwas Schönes ins Leben ruft. Die Ukrainer dachten: Diese Menschen haben Recht, machen wir es ihnen nach. Lieber schaffen als zerstören.

Die Ukrainer hatten eine der kleinsten Armeen in Europa. Wozu Geld aus dem Fenster werfen? Alle Menschen sind Brüder, und rund herum sind lauter Freunde. Einige unserer Freunde haben uns versprochen, dass unsere „Souveränität und die bestehenden Grenzen" unantastbar bleiben werden. Und gelassen haben wir Schwerter zu Pflugscharen gemacht: Wir haben unsere Atomwaffen abgegeben, die schrecklichen Langstrecken-Marschflugkörper zersägt und daraus schöne Kochtöpfe gemacht. Was wir sonst noch hatten, haben unsere Generäle geklaut und verkauft.

Als vor kurzem in unserem Land „Grüne Männchen" ohne Hoheitszeichen, aber mit Kriegsgerät erschienen, haben wir uns mit verrosteten Gewehren und Panzern brav verteidigt. Übrigens, Panzer haben wir von den Postamenten der Kriegsdenkmäler entfernt, auf denen sie seit 70 Jahren nutzlos standen. Jetzt meinen einige, dass wir uns um unsere Streitkräfte mehr kümmern sollen: mehr Geld, mehr Waffen, mehr Menschen. Ich meine: Auch das ist wieder reine Geldverschwendung. Schauen Sie auf die Karte: Rechts und oben von uns ist Russland mit einer der stärksten Armeen der Welt. Links und unten haben wir die NATO. Wir sind gut geschützt!

Demokratie ist neben Oliven unser Lieblingsprodukt aus Attika. Laut einer Umfrage ist die Hälfte der Ukrainer bereit, um ihrer demokratischen Rechte und Freiheiten willen materielle Schwierigkeiten in Kauf zu nehmen. Fast 100 Prozent der Kandidaten

Die Ukrainer sind keine Miesmacher, sie meckern und murren nicht

für die Parlamentswahlen spendeten von Herzen für die demokratischen Ideale. Sie bezahlten bis zu 10 Millionen Dollar, um in eine Wahlliste zu gelangen. Hoffentlich wird diese Opfergabe bald Geschichte sein. Im Unterschied zu einem autoritären System ist eine Demokratie – und die ukrainische insbesondere – weniger langweilig. In der Werchowna Rada, das ist das ukrainische Parlament, gibt es regelmäßig Prügeleien und Tumulte. Die Abgeordneten laufen hin und her zwischen den Parteien, Fraktionen, zwischen der Opposition und dem Regierungslager. Das Volk geht mit Freude zu Streiks und zu Protesten, aber friedlich. Unsere Revolution 2004 war schön wie eine Orange. Revolution ist eigentlich nicht unsere Sache, und wenn doch, dann ohne Schießerei. Und wenn doch, dann nur mit Steinen, wie 2014 auf dem Maidan.

Als große Philosophen sind die Ukrainer bisher nicht in Erscheinung getreten, aber sie haben eine philosophische Lebenseinstellung entwickelt. Das hat dem Volk früher geholfen, alle Unterwerfungen zu erdulden. Die Ukrainer sind keine Miesmacher, sie meckern und murren nicht. Der weise Ukrainer weiß, dass man höchstens einige Jahrhunderte warten muss und – ja, genau, Sie kennen unsere Hymne schon – „verschwinden werden unsere Feinde wie Tau in der Sonne". Abwarten heißt nicht, dass die Ukrainer tatenlos dasitzen. Sie werden „Leib und Seele für die Freiheit geben". Das ist eine andere Zeile aus der Hymne. Wenn es in der Heimat keine Arbeit gibt, wandern die Ukrainer aus. Vor mehr als 100 Jahren wurden viele meiner Landsleuten von exotischen Ländern wie Argentinien, Australien, Neuseeland und Hawaii angezogen. Heute helfen Millionen ukrainische „Gastarbeiter" in Europa, Israel und den USA aus. Die Kanadier sind den ukrainischen Aussiedlern dafür dankbar, dass sie die kanadische Landwirtschaft seit dem Ende des 19. Jahrhunderts erfolgreich entwickeln. Damals wurde den Kanadiern klar, dass sie zu viel Land und zu wenig Bauern haben. Die kanadische Regierung schickte Werbeagenten in die Westukraine, um Ukrainer in den Wilden Westen Kanadas zu locken. Für jeden Umsiedler erhielten die Agenten zwischen zwei bis fünf Dollar. Hunderttausende kamen nach Kanada. Dass viele kanadische Politiker und Prominente Nachfahren ukrainischer Pioniere sind, ist leicht an ihren Namen zu erkennen. Ray Hnatyshyn, der 24. Generalgouverneur von Kanada, Ed Stelmach, der ehemalige Premierminister Albertas, und Paul Wynnyk, von 2016 bis 2018 Befehlshaber der kanadischen Armee, sind ukrainischstämmig. Für einen Ukrainer ist es das höchste Lob, wenn jemand sagt, wie gut er seinen Haushalt führt. Dass die Ukrainer tüchtige und sparsame Hausherren sind, geben alle unsere Nachbarn zu. Einige von ihnen erzählen allerdings auch, dass die Ukrainer gierig sind. Als Beweis werden Sprüche und Witze angeführt. Die Klassiker sind die folgenden: „Wenn ich nicht alles essen kann, dann werde ich zumindest überall reinbeißen." „Pawlo, lass mich mal deinen Speck probieren. - Was ist da zu probieren? Speck ist Speck." Die Ukrainer erzählen selbst gerne Witze über ihre vermeintliche Habgier und ihren Geiz. Einen aussagekräftigen möchte ich anführen: Ein alter Ukrainer wurde gefragt: „Hör mal, hast du Aids?" Der Alte überlegte: Wenn ich ja sage, dann wird er fordern: „Gibt mir etwas ab". Wenn ich nein sage, glaubt

Obwohl alle ihre Nachbarn sie ständig bedrängten, sind die Ukrainer nicht aggressiv und grimmig oder gar rachsüchtig geworden

er mir nicht. So antwortete er: „Na ja, ich hab's ein ganz kleines bisschen, aber nur für mich selbst." Gibt es auch in anderen Ländern derlei Sprüche? Dann wären wir rehabilitiert. Was denken Sie, liebe Schwaben, liebe Schotten?

Sprüche sind vielleicht ein schwaches Beweismittel. Einer meiner Bekannten sagt oft: „Gespart ist verdient." Ich dachte immer, dass dies ein ukrainischer Spruch sei. Zufällig habe ich dann erfahren, dass es ein Aphorismus von Benjamin Franklin sein soll: „A penny saved is a penny earned."

Einige Studien zeigen, dass Gene nur in 28 Prozent der Fälle Schuld am Geiz sind. Bei 78 Prozent der Pfennigfuchser ist die Umwelt für Sparsamkeit verantwortlich, also die Nachbarn, die

Kommilitonen, die Chefs, die Arbeitskollegen, die Freunde und Freundinnen.
Obwohl unsere Nachbarn uns ständig bedrängten, sind die Ukrainer nicht aggressiv und grimmig oder gar rachsüchtig geworden. Ganz im Gegenteil. Wir sind humorvoll, und mit einem Lächeln meistern wir alle Probleme. Wenn du beim Rasen durch die Stadt von einem Polizisten erwischt wirst, fordert dieser nicht etwa mit bösem Gesicht deine Papiere. Nein, er wird zunächst ein wenig schmunzeln und dann besorgt fragen: „Sind Ihre Reifen auch nicht verbrannt?"
Heute müssen sich die meisten ukrainischen Rentner etwas einfallen lassen, um sich über Wasser zu halten. So steht eine Großmutter auf dem Markt, in der einen Hand ein Glas selbstgemachter Konfitüre, in der anderen Hand selbst genähte Schürzen, sie lockt die Vorbeilaufenden freudig und munter zu sich: „Willkommen in meinem Supermarkt." In den Bussen privater Transportunternehmen hängen empfehlende Schildchen mit Sprüchen wie „Steig schnell ein, bezahle sofort und sei leise!" Sie werden auch Schilder mit einem fröhlichen Ferkel sehen, darunter die Aufschrift: „Müll weggeworfen? – Vergiss nicht zu grunzen."
Apropos Müll. Ob die Ukrainer Sauberkeitsfreaks sind? Jein. Die eigene Wohnung wird regelmäßig geputzt und gereinigt, bis alles glänzt und blitzt. Aber auf der Straße handeln die Menschen ganz anders. Sie lassen die Autofensterscheibe runter und werfen die leere Zigarettenschachtel auf die Straße. Das ist bequem. Ich kann es nicht leugnen. Es hängen Plakate in den Städten: „Es ist sauber, nicht weil gereinigt wird, sondern weil man Abfall nicht einfach wegwirft." Aber Müllsünder werden nicht bestraft, obwohl die Kommunen damit viel Geld verdienen könnten. In Punkto Sauberkeit ähneln wir den Franzosen. Ein Beispiel. Riquewihr ist offiziell eines der schönsten Dörfer Frankreichs. Es sollte eigentlich nicht arm sein. Touristen aus Deutschland, der Schweiz und der ganzen Welt besuchen den Ort in Scharen

Eine der ukrainischen Tugenden ist Lernfähigkeit. Derzeit macht das ganze Land eine Weiter- und Fortbildung „Möchte-gerne-leben-wie-ihr“ bei den EU-Europäern und den US-Amerikanern

und lassen immer jede Menge Müll und Dreck auf den Straßen zurück. Die Riquewihrer kehren den Dreck nicht weg. Vielleicht denken sie: Wozu? Morgen kommen die Ausländer mit ihrem ganzen Müll sowieso wieder.

Eigentlich stehen die Ukrainer der Grande Nation in nichts nach, nur sind die Ukrainer bescheiden. Auch wir produzieren Autos. Mit Froschschenkel haben wir selbst Frankreich beliefert. Die ukrainischen traditionsreichen Weine schmecken hervorragend. Ukrainische Frauen sind bildschön und ukrainische Männer charmant. Sie tragen ihre Frauen auf den Händen, schenken ihnen

Blumen, bezahlen den Restaurantbesuch, halten die Tür auf, helfen ihnen aus dem Auto und rein in den Mantel. Das ganze Verwöhnprogramm zielt aber nicht darauf ab, eine Frau gleich ins Bett zu kriegen. Die ukrainischen Frauen und Männer kleiden sich schick und schön. Die neuesten Modetrends, die abends in Paris oder New York gezeigt wurden, wird man am nächsten Tag auf den ukrainischen Straßen sehen. Eines Tages werden Sie bestimmt von einem ukrainischen Modeschöpfer hören. Sogar unsere Politiker sind kreativ und erfindungsreich. Die ehemalige Premierministerin Julia Timoschenko hat die Welt mit ihrer strahlenden Zopf-Frisur begeistert. Das Volk hat viele künstlerische Talente. Das beweisen das schwarze Quadrat von Malewitsch und die phantasievoll bestickten ukrainischen Trachtenhemden und Handtücher. Wir tanzen und singen gern. Unser Nationaltanz Hopak zeigt, wie temperamentvoll die Ukrainer sind. Das Konzert eines ukrainischen Volkstanzensembles bei der Eröffnung des Monte Carlo Masters endete mit Hopak und stehenden Ovationen. Der begeisterte Fürst Albert von Monaco sagte damals: „Dieses wählerische Publikum applaudiert hier (erst) zum zweiten Mal stehend. Das erste Mal war nach dem Auftritt von Luciano Pavarotti."
Vielleicht ist Pünktlichkeit nicht unsere Haupttugend. In Geschäftsdingen sind die Ukrainer allerdings verantwortlich und pünktlich. Bei allen anderen Gelegenheiten sind wir nicht so fanatisch wie etwa die Deutschen. Die wissen nicht, wohin mit ihrem Geld und lassen dicke Bücher mit Fahrplänen für Busse und Züge drucken. An den Bushaltestellen hängen neben den Fahrplänen noch elektronische Tafeln, die anzeigen in wie vielen Minuten der jeweilige Bus kommt. Der Nervenkitzel beginnt schon zu Hause: Sie erfahren aus dem Kursbuch, dass der Bus zum Bahnhof um 10.02 Uhr losfährt, und laufen zur Haltestelle. Als der Bus wegen einer Baustelle länger an der Ampel stehen muss, werden Sie natürlich nervös, denn für das Umsteigen in den anderen Bus haben sie laut Fahrplan nur eine Minute.

Bald werden alle prüfen können, ob die Ukrainer begabte und intelligente Schüler sind

Der Stress hilft Ihnen dann, am Bahnhof, wie ein Sprinterin die 100 Meter in 10 Sekunden vom Bus zum Gleis zu laufen. Dort wartet die Deutsche Bahn bereits auf Sie mit der Entschuldigung: Ihr ICE hat vierzig Minuten Verspätung. In der Ukraine fährt man ohne diese Hektik. Man weißt ungefähr, wie lange eine Busfahrt dauert und geht mit einem Zeitpolster aus dem Haus. Ein Bus kommt jede 8 bis 10 Minuten oder später. So kann man entspannt an der Haltestelle warten und kommt immer pünktlich zum Ziel.

Alle sind sich einig, dass die Ukrainer offen und tolerant sind. Wenn es um Fremde geht, waren wir immer geduldig, ob wir das wollten oder nicht. Das Territorium der heutigen Ukraine war von Anfang an ein Einwanderungsland. Aber leider kein Garten Eden, in dem die Löwen Vegetarier sind. Es werden auch bei uns Menschen, die anders aussehen, von Skinheads verprügelt. Es gab und gibt ukrainische Nationalisten. Theoretisch sollten sie nicht glücklich über die steigende Zahl an Ausländern oder Moslems in der Ukraine sein. Praktisch haben die ukrainischen Nationalisten das Blutbad, das ein verrückter Neonazi in Norwegen angerichtet hat, verurteilt. Nach der Annexion der Krim haben viele Krimtataren mit ihren Familien die Halbinsel verlassen. Sie dürfen dreimal raten, wohin unsere Moslems geflüchtet sind – in die Hochburgen unserer Nationalisten, nach Lwiw und Iwano-Frankiwsk.

Der Rechte Sektor, eine ukrainische radikale nationalistische Organisation, nimmt in ihre Reihen auch dunkelhäutige Mitglieder auf. Es wird ein Witz über die ukrainischen Nazis erzählt. Ein Mann mit Sturmgewehr steigt in einen Bus ein und fragt auf Ukrainisch: „Sagen Sie mir, bitte, Verehrte, wie spät ist es?" Da steht ein dunkelhäutiger Knabe auf und antwortet in reiner ukrainische Sprache: „Onkel, es ist 3 Uhr 15." „Setz dich, mein Sohn. Ich sehe, dass du kein Russe ist." Sorgenkind unserer Nationalisten sind die Russen, genau genommen, die Politik des russischen Staates. Jetzt wissen alle warum. Der Leitspruch unserer Nationalisten ist nicht „Die Ukraine für Ukrainer", sondern „Russen, lasst uns endlich in Ruhe". Seit einigen Jahren haben unsere Rechtsextreme ein neues Ziel – die Rückeroberung aller Gebiete im Donbass. Ich will nicht sagen, dass die ukrainischen Rechten weich und kuschelig sind, doch sie kennen die Geschichte von einem bösen Hund, der einen kleinen Jungen gebissen hat. Als der Hund einmal in der Sonne schlief, probierte der Kleine alles aus und zog ihn zum Schluss am Schwanz, um ihn aus der Ruhe zu bringen.

Eine der ukrainischen Tugenden ist Lernfähigkeit. Man sagt oft in der Ukraine: „Ich kann zwar kein Japaner werden, aber ich kann bei ihm lernen." Derzeit macht das ganze Land eine Weiter- und Fortbildung „Möchte-gerne-leben-wie-ihr" bei den EU-Europäern und den US-Amerikanern. Der Wunsch war so groß, dass Bürger aus Georgien, Litauen, Estland und den USA in die ukrainische Regierung eingeladen wurden. Also, wir sind experimentierfreudig. Bald werden alle prüfen können, ob die Ukrainer begabte und intelligente Schüler sind. Ich denke, ja, sie sind es, und hoffe, daß dies „bald" und schnell genug kommt.

захисникам
кордонів
вітчизни
сіх
околінь

Unsere liebsten Quasi-Brüder

Unsere liebsten Quasi-Brüder, das sind unsere berühmten Nachbarn, die Russen. Ich muss gleich sagen, dass Russen nicht gleich Russen sind. Ich bin auch eine Russin. Aber die Rede wird von den russischen Patrioten sein. Im Allgemeinen kann Patriotismus sehr lobenswert sein. Doch das Problem ist, dass die Russen den falschen Patriotismus lieben. Meiner bescheidenen Meinung nach verwechseln sie immer wieder Vaterland und Obrigkeit.

Über die besonderen Beziehungen zwischen der Ukraine und Russland möchte ich erzählen.

Jeder Ukrainer hat in Russland Verwandte, Freunde oder Bekannte. Viele Ukrainer haben in Russland gelebt, gearbeitet oder dort Urlaub gemacht. Viele leben auch heute noch dort. Und umgekehrt. Und obwohl wir uns seit eh und je beschimpfen, heirateten russische und ukrainische Männer und Frauen einander, ohne nachzudenken. Bis zum Jahre 2014.

Angefangen hat alles fast harmlos. Wie es zwischen engen Verwandten üblich ist, verkaufte die russische Regierung der Ukraine das Gas zeitweise für 414 Dollar, während sie es den EU-Europäern für rund 250 Dollar anbot. Oder sie drehte mit Beginn der Kältesaison der Ukraine regelmäßig den Gashahn zu. Das spürten dann auch die EU-Europäer, die seit einigen Jahren eine neue Bauernregel kannten: Wenn es zu wenig Gas gibt, ist Weihnachten nicht mehr weit. Das war auch gut so. Denn niemand stellt mehr die blöden Fragen, ob die Ukraine ein eigenständiges Land ist und die Ukrainer und die Russen nicht ein und dieselben sind? Nein, das sind wir nicht.

Richtig ist, dass Ukrainer und Russen Ostslawen sind. Der erste Staat auf ukrainischem Boden war das Kiewer Reich, in dem ein Dutzend ostslawischer Stämme lebte. Das Reich wurde von den Warägern, also skandinavischen Händlern und Kriegern, gegründet, die einige finnische, baltische und slawische Stämme

Im November 2016 wurde unweit des Kremls mitten in Moskau ein 16 Meter hohes Denkmal für den Kiewer Großfürsten Wladimir I. enthüllt, das an die 1 000 Jahre der Christianisierung der Ostslawen erinnern soll

von der Ostsee bis in die Südukraine vereinten. Dann zerfiel das große Reich in einzelne Großfürstentümer. Das geschwächte Kiew wurde von einem Enkel Dschingis Khans überfallen und zerstört. Dan bildeten sich aus den Ostslawen drei Völker heraus – Ukrainer, Belarussen, Russen –, mit jeweils eigenem Charakter, eigenem Schicksal, einer eigenen Sprache und Kultur. Man bezeichnet Kiew deshalb als Wiege von drei Nationen.

Um diese Zeit gab es 600 Kilometer nordöstlich von Kiew eine kleine hölzerne Festung namens Moskau. Die mit den Jahren wuchs und wuchs, bis aus ihr ein Zarenreich wurde. Zunächst nannten sowohl die Einheimischen als auch Fremde das Kernland dieses Reiches Moskowien. Das alte Kiewer Reich, dessen

Gebiete dann zu Moskowien gehörten, wurde auch Kiewer Rus genannt, und so wurde vom neuen Reich der Name Russland übernommen. Deshalb pflegte Herr Putin eine Weile zu sagen, dass Ukrainer und Russen ein Volk sind. Einmal offenbarte der russische Präsident im Fernsehen seinem Volk: Kiew ist „eine alte russische Stadt".

Für die Deutung des Namen Russland gibt es mehrere Vermutungen. Laut der normannischen Version ist „Routsi" oder „Rus" die alte Bezeichnung für die schwedischen Waräger. Die slawische Erklärung behauptet, daß das Wort „Rus" dem Namen des slawischen Stammes und des Flusses Ros unweit von Kiew entlehnt ist. An dieser Geschichten ist eines wahr: der Fluss Ros. Den gab und gibt es. Ich habe als Kind jeden Sommer dort gebadet.

Es geschah ähnlich wie bei den Deutschen und Franzosen. Einst gründeten Franken, also Germanen, ihr großes Reich, aus dem dann unter anderem Deutschland und Frankreich entstanden, und die „deutschen" Franken gaben dem französischen Nachbarland auch den Namen. Übrigens, sind Rom und Paris alte deutsche Städte, nicht wahr? Sie gehörten doch zum Fränkischen Reich von Karl dem Großen. Gucken Sie mal russisches Fernsehen. Das ist eine echte Quelle von Inspiration und neuen Ideen.

Die russischen Zaren waren immer unersättlich. Als erste verschluckte Moskau seine Nachbarn. Das war nicht genug. Dann richtete der russische Adler sein Auge Richtung Westen. Alles war schon besetzt. Dann blickte er nach Osten und entdeckte unbegrenzte Möglichkeiten. Die Russen waren ebenso rastlos wie die Engländer. Beide erreichten Amerika und bissen schließlich ein Stück von ihm ab, dabei hatten die Russen mehr Glück. Läge zwischen Moskau und Sibirien ein Ozean, hätte Sibirien schon seit langem seine Unabhängigkeit erklärt. Oder auch nicht. Vielleicht liegt die Liebe, von einem Zaren regiert zu werden, in der Natur der Russen.

Denkmal für Zarin Jekaterina II. in Odessa mit dem Erlass zur Gründung von Hafen und Stadt in der Hand. Von Anfang an dachten und handelten die russischen Zaren wie später ihr Kollege Stalin: „Keine Menschen – keine Probleme". Die Ukrainer und die Ukraine sollten verschwinden und die ukrainische Sprache sowieso. Dem Land wurde der Name „Kleinrussland" oder „Südrussland" zugebilligt. Gegen den geplanten Abriss des Denkmals wehrten sich die Odessiten

Die Ukrainer dagegen liebten dies nicht. Die Ukrainer waren immer Freigeister, auch heute wählen wir alle vier Jahre einen neuen Präsidenten. Doch mit jedem neuen Präsidenten ist mindestens die Hälfte der Ukrainer unzufrieden. Von Anfang an dachten und handelten die russischen Zaren wie später ihr Kollege Stalin: „Keine Menschen – keine Probleme". Die Ukrainer und die Ukraine sollten verschwinden und die ukrainische Sprache sowieso. Dem Land wurde der Name „Kleinrussland" oder „Südrussland" zugebilligt.

Nach der Oktoberrevolution 1917 wurde das Russische Imperium in die Sowjetunion umgewandelt, die in der Welt oft mit Russland gleichgesetzt wurde. Dass es noch 14 andere Republiken gab und Hunderte Völker in ihr existierten war den meisten Menschen nicht bewusst.

In der sowjetischen Staatshymne wurde deutlich gesagt, wer der Chef ist:

„Die unzerbrechliche Union der freien Republiken
vereinigte für die Ewigkeit die große Rus.
Es lebe, vereinigt durch den Willen der Völker
die einige, mächtige Sowjetunion!"

Aber die Sowjetunion war nicht nur der Wechsel des Aushängeschildes. Die einst von den Zaren eroberten Länder wurden zu Republiken, eine jede von ihnen hatte eine eigene Verfassung, eine eigene Hauptstadt und eine eigene Flagge. In jeder Republik gab es zwei Amtssprachen – das Russische und die jeweilige Nationalsprache. Das Territorium der jeweiligen Republik wurde, wenn auch nur auf der Karte, mit Grenzen umrandet. Diese wurden knapp 70 Jahre später zu Staatsgrenzen der Nachfolgestaaten der Sowjetunion.

Die Trennung fiel Russland schwer. Alle waren weg: die fünf Republiken in Zentralasien, die drei im Südkaukasus, die drei im Baltikum, zudem Moldova, Belarus und die Ukraine. Eigentlich passierte damals nichts Ungewöhnliches. Die Kolonien wollten unabhängig sein. Und was nun? Wie kann man die anderen überreden, sich weiter zu lieben? Diese Frage haben sich schon Engländer, Franzosen, Portugiesen, Spanier und Holländer gestellt. Man sucht etwas Verbindendes. Was denn verbindet die Franzosen mit Haiti, Vietnam und Madagaskar? Die Liebe zur

Die Ukrainer waren stets Freigeister, auch heute wählen sie alle vier Jahre einen neuen Präsidenten. Doch mit jedem neuen Präsidenten ist mindestens die Hälfte der Ukrainer unzufrieden

französischen Sprache. Um sie zu pflegen, wurde die Organisation internationale de la Francophonie (Internationale Organisation der Frankophonie) gegründet. Auch Russland machte sich schlau. Gegründet wurde die staatliche Stiftung Russki Mir (Russische Welt), die von einem Politologen geleitet wird. Die Stiftung soll die Begeisterung für Russland und die russische Sprache wecken und verbreiten. Und auch der dritte Bruder, der

Belarusse, ist skeptisch, will nicht einfach Teil der russischen Welt sein. Aus irgendeinem Grund hat er sich eingebildet, dass die russische Kultur nur eine Nebensache ist.

In dieser feinfühligen Angelegenheit sollte man die Engländer fragen. Während die Niederländisch-Indonesische Union und die Französische Union längst Geschichte sind, blüht und blüht das Commonwealth of Nations weiter. Die Engländer haben verstanden: Wenn man nicht will, wie die Amerikaner und die Iren, dann ist nichts zu machen.

Für Russland war es noch viel schlimmer. Denn einige seiner „Ehemaligen" wollten nach Europa. Aber Europa ist ein Reizwort für viele russische Ohren. Zar Peter der Große hat vor 300 Jahren Russland in zwei Lager gespalten – in Westler und Slawophile. Letztere sind die, die alles Slawisch-Russische lieben. Zugegeben, Peter I. war in jeder Hinsicht ein Radikaler und Extremist. Von heute auf morgen wollte er alles auf europäische Art umkehren – von der Kleidung und dem Benehmen bis zur Verwaltung des riesigen Reiches. Dies löste bei einem Teil der Russen Minderwertigkeitskomplexe aus. Für sie spielte keine Rolle, dass das Land technisch, wissenschaftlich und kulturell einen riesigen Sprung nach vorne machte. Alle Slawophilen verbindet die feste Überzeugung, dass Russland etwas besonders, ganz anderes und auf jeden Fall etwas besseres ist als die da im Westen. Sie glauben an eine rätselhafte russische Seele, die sie auf ihren eigenen russischen Sonderweg führt. Hier kann man den Slawophilen Recht geben. Es ist wirklich rätselhaft, wie es Russland gelingen kann, so arm zu sein, wenn es eigentlich so reich ist. Mit 17 Millionen Quadratkilometern Fläche ist Russland das größte Land der Erde, und es verfügt über alle möglichen Naturschätze. Aber nicht alle Krankenhäuser im Lande haben nutzbare Toiletten. Russland steht bei der durchschnittlichen Lebenserwartung seiner Bürger 2020 auf Platz 112. Mit Blick auf den Globalen Wettbewerbsindex liegt es 2017-2018 zwischen Malta und Polen auf Rang 38 und beim Globalen Innovations

Jede Woche erzählte Präsident Putin im russischen Fernsehen Horrorgeschichten, die passieren würden (mit seiner Hilfe), wenn die Ukraine das Assoziierungsabkommen mit der EU unterzeichnen würde. Ein Teil der Ukrainer hat geglaubt, dass das Land ohne Russland aussterben würden

Index (2019) auf Rang 46 einen Platz vor der Ukraine. Nach dem Ausmaß der Korruption besetzt unser Nachbar beim Korruptionswahrnehmungsindex 2019 von Transparency International gemeinsam mit Guinea, Iran und Papua-Neuguinea Platz 137. Schmiergeld geben und nehmen die Ukrainer genauso gerne wie die Russen, sie liegen auf Platz 126. Aber wir reden ständig darüber, dass wir und wie wir die Korruption bekämpfen können. Dass hier schon einiges erreicht wurde, spüren die Reisenden schon bei der Zollkontrolle an der Grenze.

Früher wurden die Passagiere der Fernbusse um fünf Euro gebeten, gleichsam als Dankeschön für eine schnelle und reibungslose Grenzüberquerung. Heute ist dieser Tribut Geschichte. In manchen, längst nicht den besten Charaktereigenschaften sind Ukrainer und Russen wie Zwillingsbrüder. Deshalb wollen die Ukrainer lieber Europa nacheifern und EU-Mitglied werden.

Das wäre ein Albtraum, denken einige in der EU und auch in Russland. 2013 reagierte der Kreml sehr eifersüchtig auf jedes Treffen der Ukrainer mit Brüssel. Mal schmeckte ihm der ukrainische Käse nicht mehr, mal waren unsere Pralinen nicht süß genug. Wir lernten, mit den Importstopps zu leben. Jede Woche erzählte der Präsident Putin im russischen Fernsehen Horrorgeschichten, die passieren würden (mit seiner Hilfe), wenn die Ukraine das Assoziierungsabkommen mit der EU unterzeichnen würde. Ein Teil des ukrainischen Volkes hat geglaubt, dass wir ohne Russland aussterben würden.

Andererseits wurde versucht, die Ukrainer mit Zuckerbrot und Schmeicheleien zu verführen. Lasst uns miteinander wie eine große Familie leben. Wir, Russen, sind keine Moslems, keine Katholiken. Wir, Russen und Ukrainer, sind Orthodoxe. Wir sind Bruderslawen.

Wenn jemand das sagt, werde ich sofort hellhörig. Werbeleute wissen: Man sagt nur dann warme, süße Worte, wenn man jemanden zur leichte Beute machen will. Praktisch haben die „Brüder" und „Slawen" genauso viel miteinander zu tun wie Beck's Bier und ein Segelschiff. Was würden die „gallischen Brüder", ich meine die Franzosen, die Luxemburger, einige Belgier und Schweizer dazu sagen. Was würden die Österreicher dazu sagen, wenn Frau Merkel sie mit „liebe germanische Brüder" ansprechen würde? Nebenbei, auch Polen, Bulgaren und Serben sind Slawen. Die Polen aber Katholiken. Sind sie deshalb nicht unsere Brüder?

In der Ukraine war man daran gewöhnt und nahm zunächst alles auf humorvolle Weise. Es wurden Witze wie dieser erzählt: Der Zeitunterschied zwischen Kiew und Moskau beträgt eine Stunde. So wird in der Ukraine jeden Morgen um 6.00 im Radio die Nationalhymne gespielt und dann gewarnt: „Wach auf, Ukrainer! Der Russe ist schon seit einer Stunde unterwegs."

Der KGB aber schlief nie.

Demonstranten fordern „Keinen Krieg"

Der KGB wie auch die CIA verdient ihr täglich Brot mit Revolutionen, separatistischen Aufständen und der Schaffung von „unabhängigen" Staaten. Das ist kinderleicht, wie Puppentheater. Wie das in etwa passiert, kann man bei Wikipedia im Beitrag CIA-Aktivitäten in Chile nachlesen. Irgendwann wird auch ein Buch über die Abenteuer der russischen Geheimdienste in der Ukraine geschrieben. Ich habe mir mit Hilfe von Wikipedia – der englischen, deutschen, ukrainischen und russischen Version, die nicht immer gleich sind – folgende Geschichte ausgedacht, die mit der Realität natürlich nichts zu tun hat. Die Namen wurden nicht geändert, um die Erzählung lebendiger zu gestalten.

Eins.

Für den Anschluss der ganzen Ukraine diente Plan A. Die Vorbereitungen begannen bereits in der Zeit der Perestroika. Als die

UdSSR schon zu wanken begann, entwickelte der KGB einen „Fahrplan" für ihre Wiederherstellung. Er schickte seinen Superagenten Asarow in die Ukraine. Das ist nicht sein echter Name, den wahren Familiennamen kennt nur der KGB. Mykola Asarow, geboren in Russland, siedelte im Jahre 1984 in die Ostukraine über und arbeitete in Donezk. Dann zerfiel die UdSSR. Und sofort ging Asarow die Sache an. Er gründete verschiedene Organisationen, Kongresse und Vereine. Sie alle waren im Grunde nicht damit einverstanden, dass die Ukraine ein unabhängiger Staat wurde.

Schade, dass es in der Schule keinen Psychologieunterricht gibt. Als Schulkind mussten wir lernen, wie viele Schwanzwirbel ein Tiger hat, man lehrte uns aber nicht, wie wir Manipulationen erkennen und uns dagegen wehren können.

Die Programme der von Asarow gegründeten Vereinigungen können als Beispiele eines klassischen „yes set" direkt in das Kapitel „manipulative Beeinflussung" eines Lehrbuches für Psychologie aufgenommen werden. Zu den Zielen einer seiner Gründungen in den 1990er zählten zum Beispiel: der Doppelpass für Bürger der Ukraine und Russlands – ja, super! Die Ausstrahlung aller russischen Fernsehprogramme in der Ukraine – ja, gut. Eigentlich gab es damals ohnehin kaum eigene ukrainische Sender. Die Einführung des Russischen als zweite Amtssprache – ja, ok, warum nicht. Unterstützung und Stärkung der Zusammenarbeit der GUS-Staaten – ja, das ging schon fast automatisch von der Zunge. Das eigentliche Ziel war, die Ukraine und andere unabhängige GUS-Staaten wie zu Sowjetzeiten wieder mit Russland auf ewig zu verbünden.

Das Hauptwerk von Mykola Asarow war die Partei der Regionen, an deren Spitze er zeitweise auch stand. Nomen est omen. Schon der Name sollte alles in die gewünschte Richtung lenken. Eine Region bedeutet etwas besonders, sie hat jeweils Eigenes. Deshalb sollten die Menschen der jeweiligen Region sich von ihren übrigen Landsleuten distanzieren, sich nicht mit ihnen ver-

„Geeintes Land ...“

mischen und ihren eigenen Weg gehen. Und mit reichlich „Überzeugungsarbeit“ ist es nur ein Schritt von der Abgrenzung zur Abspaltung dieser Teile der Ukraine. Das Parteiprogramm wies mehrere Forderungen auf: Für Dumme war es die Sorge um die russische Sprache (um das wirtschaftliche Desaster im Lande machte sich die Partei keinen Kopf). Für die Ängstlichen war es das „Nein“ zur NATO (dass die NATO schlecht ist, weiß jede Großmutter in der ganzen ehemaligen UdSSR). Für die Zweifelnden war es der EU-Beitritt. Für alle waren es Föderalisierung, Autonomie und ... die enge Freundschaft mit Russland. Die Partei war rein zufällig Bündnispartner von Putins „Jedinaja Rossija“ („Geeintes Russland“).

Zwei.
Während die Parteikameraden das Volk weiter aufwärmten, zog Agent Asarow in die Hauptstadt. Jetzt sollte ein Mitglied der Partei Präsident werden. Für solche Hauptrollen wählte man stets leidenschaftliche Menschen. In Tschetschenien wurde Ramsan Kadyrow, ein von sich selbst begeisterter Mann, zum Chef der Republik gemacht. Präsident Putin persönlich hat ihm die Auszeichnung „Held der Russischen Föderation" verliehen und mit Medaillen überhäuft. Tschetschenische Städte sind mit großflächigen Porträts Kadyrows geschmückt, Straßen und Grünanlagen tragen seinen Namen. Im tschetschenischen Parlament wurde vorgeschlagen, dem damals 39-jährigen Kadyrow den Titel „Vater des Volkes" zu verleihen.
Als Hauptdarsteller für das ukrainische Puppentheater wurde Viktor Janukowitsch, kurz Janik, gewählt. Anders als Kadyrow war er nicht eitel, aber ein eifriger Geldsammler. Er verwechselte chronisch die eigene Geldbörse mit dem Staatsbudget und sammelte auf diese Weise in kürzester Zeit 12 Milliarden Dollar ein. Seine Residenz war nicht schlechter als die eines arabischen Scheichs. Besonders beeindruckte die Ukrainer, die dieses „Museum der Korruption" nach der Flucht Janukowitschs besuchten, ein „lebensgroßes Baguette" aus purem Gold. Als Wahlkampfleiter hat Asarow Janik zweimal zum Staatsoberhaupt gemacht. Asarow selbst saß zunächst als Chef des Finanzministeriums an der Geldquelle, dann wechselte er in den Sessel des Premierministers. Für seine Großtaten hat Präsident Putin Asarow zweimal mit einem Orden belohnt. Offiziell hieß es: Für seine Bemühungen um die russisch-ukrainischen Beziehungen.
Alles lief wie geplant. Einige Jahre lang führte Präsident Janukowitsch EU-Europa mit Gesprächen über den Beitritt der Ukraine zur Europäischen Gemeinschaft an der Nase herum, unterschrieb das Assoziierungsabkommen aber in letzter Minute dann doch nicht.

„... vereintes Land" – dieses zweisprachige Motto ist seit 2014 populär

... und Drei.

Ab diesem Moment agierten auf dem Maidan, dem Unabhängigkeitsplatz in Kiew, alle Akteure gemeinsam. Der CIA, der bisher wie ein Dornröschen in leichtem Schlummer lag, erwachte. Der fleißige KGB startete seinen Plan B.

Allein für Geheimagent Asarow hieß es „mission completed". Er verließ als erster die Ukraine, um sich mit seiner Familie in seiner Villa in einem Wiener Nobelviertel zu erholen. Aber Tausende von seinen Kollegen sind in der Ukraine geblieben.

Plan B trug den Decknamen Unternehmen Neurussland. Die Gebiete der heutigen südöstlichen Ukraine, die einst Teil des Russischen Reiches waren, sollten abgehackt werden. Es wurde eine Truppe von Profi-Revolutionären, wie die Herren Borodai und

Girkin, in den Südosten des Landes eingeschleust. Ihren Lebensläufen ist zu entnehmen, dass sie schon mehrere „Unruhen und Wirren" organisiert haben, etwa in Transnistrien, in Tschetschenien, im Kosovo. Die russischen Staatsbürger wurden nun also zu ukrainischen Separatisten.

Es musste aber noch ein anständiger Vorwand her. Da gibt es nichts Leichteres. Die Amerikaner retteten die Welt einmal vor den irakischen Massenvernichtungsmittel. Jetzt war Russland an der Reihe, Europa vor den frischgebackenen ukrainischen Nazis zu schützen. Aber wie wurden sie denn eigentlich „entdeckt"? Nehmen Sie eine ukrainische Flagge, malen Sie darauf ein Hakenkreuz, und schon werden die Ukrainer zu Faschisten, die die Russen und die Russischsprachigen in der Ukraine foltern und töten.

Nach den jahrelangen und milliardenschweren Vorbereitungen sollte jetzt alles schnell gehen, so etwa wie bei einem Haustürgeschäft.

Die Krim war die erste und eine leichte Beute. In Kiew suchte man nach der Flucht von Präsident Janukowitsch gerade nach einem freiwilligen Kamikaze für die Rolle des neuen Staatschefs. Auf der Krim war das russische Trojanische Pferd, die Schwarzmeerflotte, stationiert, mit dessen Hilfe der Blitzraub der Krim vollendet wurde.

Nach den Fake-Vorführungen von unglaublichen Gräueln des „faschistischen Regimes" in Kiew und der „ukrainischen Nazis" sollten die Menschen schleunigst zum Referendum kommen, das über Nacht organisiert wurde. Und um mehr Überzeugungsarbeit zu leisten, streiften über die Krim unbekannte Männer mit Maschinenpistolen.

Liebe EU-Europäer, haben Sie Unterschiede bemerkt? Genau, es gibt keine. Die Schritte Eins und Zwei sind Sie schon gegangen. Neue Parteien wurden gegründet. Deren Mitglieder sitzen bereits in EU-Parlamenten und Regierungen. Ob es in der EU zu Drei kommt, liegt in Ihren Händen. Nicht danach Achselzucken

In manchen, längst nicht den besten Charaktereigenschaften sind Ukrainer und Russen wie Zwillinge. Deshalb wollen die Ukrainer lieber Europa nacheifern und Mitglied der EU werden

und überrascht fragen: „Eine solche Partei im Parlament? Wie ist es bloß dazu gekommen?" Machen Sie jetzt Anti-Propaganda. Gefällt Ihnen das Wort nicht? Es gibt genug schöne Synonyme etwa Aufklärung, Bloßlegung, Aufdeckung, Aufhellung,

Darlegung, Information über Hintergründe von Ereignissen und Methoden der Polittechnologie. Die endlosen Diskussionen im Fernsehen sind sehr gut, um einzuschlafen. Sie glauben, dass Menschen zuhören und die richtigen Schlussfolgerungen ziehen? Bürger haben keine Zeit und Lust, sich ihres eigenen Verstandes zu bedienen. Das Zauberwort lautet „Manipulation". Ge-

Für sehr lange Zeit, wahrscheinlich für Generationen, bleibt den Ukrainern die bittere Enttäuschung und das Misstrauen gegenüber unseren russischen Nachbarn

nauer, wie man eine Manipulation erkennen, sich davor schützen kann, wie man mit Populisten & Co. redet. Ich träume von verschiedenen Sendungen im Fernsehen, nicht zum Anschauen, sondern zum Mitmachen und Trainieren. Etwa „Guten morgen, Manipulation". „Psychologie vor acht". „Polittechnologie Schau um 22.15". Zur besten Sendezeit. Jeden Tag und Nacht. So oft wie die Wettervorhersage.
Die Halbinsel Krim gehört jetzt zur Russischen Föderation. Ich hätte nichts dagegen, wenn es anders verlaufen wäre. Etwa wie zwischen Engländern und Schotten.
Deshalb spreche ich nicht mehr mit meiner Freundin, die in Moskau lebt. Ihr Bewusstsein ist irgendwie gespalten. Sie besuchte mich in Kiew. Sprach überall Russisch. Wie auch ich, wie 90 Prozent der Kiewer und 70 Prozent der Ukrainer. Und sie sprach die ganze Zeit von der „ukrainischen faschistischen Junta", die Krieg

gegen die Russischsprachigen in der Ukraine führt. Ähnliches passiert bei vielen ukrainischen Bürgern, die Verwandte und Freunde in Russland haben. Und doch verschiebt sich nach und nach etwas. Meine Tante, zum Beispiel, die in Sibirien lebt, sagte im Jahre 2014 noch, dass Russland mit den Ereignissen in der Ukraine nichts zu tun habe. Heute sagt sie, dass sie nicht versteht, was Russland in Syrien und in der Ukraine verloren hat.

Für sehr lange Zeit, wahrscheinlich für Generationen bleibt den Ukrainern die bittere Enttäuschung und das Misstrauen gegenüber unseren russischen Nachbarn. Ich frage alle meine lieben Russen: Seid ihr jetzt zufrieden? Der Traum die USA einzuholen und zu überholen, wurde wahr. Russland hat mehr Himbeeren und Johannisbeeren (ohne Scherz) und Atomsprengköpfe produziert als jedes andere Land der Welt und damit die USA weit hinter sich gelassen. Ja, die Amerikaner sind schlecht, sie haben Krieg in Jugoslawien und im Irak geführt. Aber auch mit Blick auf die Kriegsführung habt ihr die USA übertrumpft. Ihr habt einen Krieg mit euren Nachbarn, Verwandten, Freunden entzündet. Seid ihr nicht wunderbar? Aber es gibt einen kleinen Unterschied. Die USA haben weder den Kosovo noch Irak zu ihrem 51. Bundesstaat gemacht. Und die Ergebnisse eurer Liebesdienste und eures Engagements für die Ukraine: Die Krim ist weg, es gibt Krieg in der Ukraine, Tausende Menschen sind umgekommen, wir haben eine Million Flüchtlinge. Und für die Europäer: hohe Kosten, große Kopfschmerzen. In Russland ist alles wie gehabt in den letzten 1 000 Jahren. Egal, wer in Russland regiert – der Zar, Stalin, die Kommunistische Partei oder der ehemalige KGB-Mitarbeiter Putin –, es ist immer ein Alleinherrscher. Egal, was wir in Russland gerade haben – Feudalismus, Kapitalismus, Sozialismus oder Oligarchie –, die Menschen in diesem reichen Land sind arm.

Gut, gut, ich höre auf zu moralisieren. Zum Schluss will ich den Russen nur eines wünschen: Schaut weniger staatliches Fernsehen.

18/5
Пилип Орлик – державний
політичний діяч, дипломат
полководець, публіцист, поет
полеміст, яскрава постать
української і європейської
історії першої половини
Автор документу, відомого як
Конституція Пилипа Орлика –
перша конституція в Європі